哈佛访学札记

田杰棠 / 著

中国发展出版社
CHINA DEVELOPMENT PRESS

图书在版编目（CIP）数据

哈佛访学札记／田杰棠著．—北京：中国发展出版社，2017.10
ISBN 978-7-5177-0770-7

Ⅰ．①哈…　Ⅱ．①田…　Ⅲ．①经济学—文集　Ⅳ．① F0-53

中国版本图书馆 CIP 数据核字（2017）第 240379 号

书　　　名：哈佛访学札记
著作责任者：田杰棠
责 任 编 辑：孙　勇
装 帧 设 计：北京中源太行文化创意有限公司
出 版 发 行：中国发展出版社
（北京市西城区百万庄大街 16 号 8 层　100037）
标 准 书 号：ISBN 978-7-5177-0770-7
经　销　者：各地新华书店
印　刷　者：三河市东方印刷有限公司
开　　　本：880 × 1230mm　1/32
印　　　张：7
字　　　数：125 千字
版　　　次：2017 年 11 月第 1 版
印　　　次：2017 年 11 月第 1 次印刷
定　　　价：29.00 元
联 系 电 话：（010）88913231　68990692
购 书 热 线：（010）68990682　68990686
网 络 订 购：http://zgfzchbs.tmall.com//
网 购 电 话：（010）68990639　88333349
本 社 网 址：http://www.develpress.com.cn
电 子 邮 件：sunyongcdp@126.com

目　录

制度观察

前　言

——一本写给时光的小书

2016年上半年，有幸受单位推荐到哈佛大学肯尼迪学院做访问研究。是时，正值不惑之年，与妻子、女儿一起远渡重洋，到号称全球生活质量排名第九的波士顿生活了半年的时光。人在智库，早生华发，真个是“挈妇将雏鬓有丝”。有了家人的陪伴，不但解决了上顿下顿吃西餐之痛苦，还和同事朋友们共同度过了一个快乐的春节。女儿很喜欢她的新学校和来自10多个国家的同学们，尽管班主任老师也很严厉，但是课业负担与国内相比已经是相当轻松了。妻子每日里打点生活琐事，到公益学校学学英语、做个志愿者，和来自世界各地的家长们聊聊天，相夫教子，岁月静好。唯本人颇有些忐忑和紧迫感，不知道这半年的光阴该如何利用，才能在哈佛这片知识的海洋中，拾到几枚小小的贝壳。

访问学者自然不必像攻读学位的研究生们那样承受繁重的课业负担，不过这也意味着放弃了夯实学术基础的机会。于是，拓展视野、寻求思想成为有限时间约束下的必然选择。按照预先制定的计划，主要包括五个方面：一是听课，选听了“美国经济政策”“经济学导论”“科学与技术经济学”“中国经济”等课程，同时参加了许多学术报告会；二是交流，先后邀约了近20位著名学者进行面对面交流，而且因为英语的差强人意而不得不在每次交流之前做很多准备工作；三是调研，走访了剑桥创新中心、中美波士顿创新中心、哈佛创新实验室、麻省理工学院产业竞争力中心、剑桥创新社区等机构以及部分创业企业；四是读书，从哈佛的几个图书馆借阅了一些书籍，尽管有的直到走之前还都没读完；五是写作，动笔记下一些心得体会，记录与大师交流的收获要点，修订旧作。本书便是这第五项工作的一个小结。

本书的主要内容分为三个部分。第一部分记录了本人对面访或听过课的一些著名学者的印象，从个人观察角度做了不全面的“素描”，故曰“名师侧记”。第二部分是与本人研究领域相关的心得随笔，其中的十篇小记都是受《中国经济时报》之邀写的专栏文章。第三部分则相对“面目可憎”一些，是关于美国创新制度的一些研究报告。有的写于访学期间，有的是旧作，但是在访学期间根据亲身观察进行了修订。

改革开放近40年来，到哈佛读书和访学的同胞何其多也！本人只是其中几乎逗留时间最短的一个匆匆过客。蜻蜓点水，不敢言学有所悟。这本小册子或许不值读者一瞥，权当是写给那一段难忘的访学时光吧！

作者

2017年8月记于北京

名师侧记

“大佬”萨默斯

笔者来哈佛访学之前，就听说过劳伦斯·萨默斯（Lawrence Summers，昵称 Larry）的大名。据说上一个学期由他开设的一门关于国际经济的课程人满为患，吸引了大批学生和访问学者来旁听。2016 年春季学期已经没有萨默斯单独主讲的课程，但是还有一门他与费尔德斯坦、利伯曼等教授共同讲授的“美国经济政策”课程。为了一睹其风采，笔者在征得教授同意后参加了这门课程的学习。

萨默斯的人生经历极为丰富，纵横于政界和学界，可以说是个聪明绝顶的人物。在政界，萨默斯最早是由前辈马丁·费尔德斯坦介绍进入里根时期的白宫总统经济顾问委员会（CEA），开始参与政策咨询和制定。其后，他又先后担任了世界银行的副行长兼首席经济学家，克林顿时期财政部主管国际事务的副部长、部长，卸任哈佛大学校长之后还应奥巴马总统之邀担任了美国国家经济委员会主席，专门负责协调联邦不同部门一起制定经济战略和政策。

在学术上，先后毕业于麻省理工学院和哈佛大学的萨默斯涉猎甚广，在宏观经济、国际经济的各个领域均有出色的研究成果，28 岁成为哈佛历史上最年轻的终身教授，39 岁获得有“小诺贝尔奖”之称的美国经济学会克拉克奖，后来还成为哈佛大学为数不多的校级教授（University Professor）之一。校级教授是哈佛最高层次的荣誉，目前经济学领域仅有诺贝尔奖得主马斯金、增长领域权威乔根森和萨默斯三人获此殊荣。2001年，萨默斯在400个候选人中脱颖而出，荣任哈佛大学第27任校长，并开始了富有改革精神和争议的任期。

有趣的是，比起他的伯父和舅舅，萨默斯的学术成就则是“小巫见大巫”了。他伯父是经济学集大成者，新古典综合派开山鼻祖保罗·萨缪尔森，既是首届克拉克奖得主，又是1970年的第二届诺贝尔经济学奖得主。中国的经济学者们几乎都学习过萨缪尔森的经典教材《经济学》。他的舅舅（确切地说是表舅）是另一位经济学通才肯尼斯·阿罗，1972年第四届诺贝尔经济学奖得主。不知道是不是来自先辈的压力太大，萨默斯在获得克拉克奖之后就没有再专心钻研学术了，而是选择了学以致用、经世济民之路。尽管他一直坚持写学术文章，几年前还发表了解释和预测中国经济增长前景的经典论文。

初见萨默斯，就是在“美国经济政策”的课堂上。他给人的第一印象可以说是霸气外露、极有性格，两只眼睛目光如炬，与之对视会感到某种压力。萨默斯讲课深入浅出，语速比一般的教授要慢很多，每一个单词、每一句话都掷地有声。但是，对于外国访问学者而言，他讲的英语并不是很容易听懂，可能是由于他用词比较讲究，有些不是常用的词语，显得很有文化。讲课的过程中，他会很随意地找一把椅子坐下，有时还翘起二郎腿，用手点指前几排的学生提问一些并不复杂的问题。比如，他经常会问“你叫什么名字”？假如对方回答叫汤姆，萨默斯就会信口举一个关于“汤姆有一家公司”的例子，来解释相对复杂的经济现象。不知道是丰富的阅历还是独特的个性使然，他总会给人一种“江湖大佬”的感觉，仿佛这个世界的一切问题在他看来都不复杂，都能够应付自如。

但事实并非完全如此。萨默斯的哈佛校长任期并不是正常结束的，而是被一群教授投了不信任票。他是哈佛近 100 多年来任期最短的校长，而且也是 370 年校史上第一个因为被通过不信任投票而离任的校长。为什么会造成这样的结局？很可能与他极端自信、口无遮拦的鲜明个性有关。2005 年 1 月 14 日，萨默斯在美国全国经济学家会议的发言中讲到，大学中缺少女性科学家的原因之一可能是由于两性之先天差异。要知道，在美国涉及种族歧视和性别歧视的话是不能随便讲的，属于彻头彻尾的“政治不正确”。尽管萨默斯解释说那只是学术观点而不是歧视女性，还为此发表了公开信表示道歉，但是哈佛大学的教授们在忍受了他 5 年独断专行的行事风格之后，终于忍无可忍地一致声讨这位才华横溢但不喜欢与教授共治大学的校长，并最终以 218:185 通过了对萨默斯的“不信任投票”，直接导致了他的黯然离职。

尽管萨默斯在非裔美国人研究系关于平权法案的不当言论导致该系著名教授离职，以至于重创了该系的声誉和发展空间，但他还是在 5 年多的任期中给哈佛大学留下了一些宝贵的遗产。比如，哈佛从单纯追求真理走向重视技术转移和成果商业化，就是萨默斯积极推动的结果。2005 年，他倡议并一手推动组建了哈佛大学技术开发办公室（OTD），并请来了之前在以色列特拉维夫大学主管技术转移转化机构的艾萨克·柯尔伯格（Isaac Kohlberg）担任 OTD 的主任，还任命他为学校的副教务长。这一举动可以说开哈佛几百年来风气之先，大大促进了哈佛各个学院的创新创业积极性。

作为一位有影响的经济学家，2016 年以来他还多次在媒体上发表类似公开信的文章，试图阻止唐纳德·特朗普成为美国总统。也许是他高估了自身的影响力，抑或是他身居高位多年已经脱离了美国的劳苦大众，他的多次呼吁并没有显著效果，特朗普还是“事与愿违”地成为了美国新一届政府的总统。在之后的公开演讲中，萨默斯只能以略带幽默的口吻表达自己对新总统的不满。也许，在今天美国这个历经多年变迁的“江湖”上，他已经不再是一个“大佬”。

“老派绅士”费尔德斯坦

“美国经济政策”这门课的几位老师来头都不小，包括前哈佛校长萨默斯、前白宫预算办公室（OMB）副主任兼首席经济学家利伯曼，领衔的更是美国经济学界的泰斗级人物之一——马丁·费尔德斯坦。他们的共同特点是既有高水平的学术研究能力，又有丰富的政策咨询和制定实施的经验。这么多大牛一起面向包括本科生在内的全校学生开设一门课程，在我这样的中国访问学者看来，实在是一件比较奢侈的事情。不过，哈佛的学子们似乎已经习以为常，有几节课缺席的人还挺多。没办法，在哈佛大学这样一个顶级学者、各国政要常来常往的殿堂里，他们见过的大场面太多了。

费尔德斯坦教授在美国的经济学界地位很高，也是美国经济学会克拉克奖的得主，在宏观经济、社会保障等领域均有杰出贡献。除了学术成就，还有两个经历引人瞩目。一是担任过里根时期的白宫总统经济顾问委员会（CEA）主席，参与了大量经济政策的咨询和制定工作，被一些媒体称为“供给经济学之父”。不过，他可不像供给学派的拉弗等人那样一味地支持减税，而是对政府大量赤字和债务非常厌恶和担心。在任期间，他慧眼识珠，先后将自己的学生萨默斯和崭露头角的后辈格里高利·曼昆引入了CEA。这两位后来分别成为财政部长和CEA主席，提携他们的费尔德斯坦功不可没。二是担任美国国家经济研究局（NBER，虽然是“国字头”，但其实是一家非营利机构，并不隶属于任何政府机构）主席长达30多年，靠自己的影响力和组织能力大大提高了NBER在美国经济学界的地位，使其从一个以研究收入核算为主的机构成长为美国乃至世界经济学界的重镇。如今，全球有600多名著名经济学家在NBER担任兼职研究员，NBER的工作论文甚至比很多顶级期刊引用率都要高，而且全文开放共享，是我等中国学者阅读英文文献的主要来源之一。NBER的生产率与经济增长论坛也是笔者访学期间常去参加的学术活动，当然，原因之一是去吃一顿免费的午餐。

费尔德斯坦教授已经年过七旬，后背微驼，看起来行动已经稍显迟缓，但是两只眼睛依旧有神，无论是讲话还是走路都是有板有眼、不疾不徐，既谦虚有礼又带着一点点骨子里的自信或者傲慢。与萨默斯的风格不同，他授课时常使用相对简单的词汇，语速适中，发音是适合于外国人的“国际标准音”，没有什么口音，因此他的课听起来很舒服、很好理解。笔者在大街上也偶遇过费尔德斯坦教授，依然是穿着整洁、步态雍容，有点老派绅士的风范。

作为国务院发展研究中心主办的一年一度的中国发展高层论坛的常客，费尔德斯坦教授对中国经济也有深入研究，有几篇专栏文章都是关于中国经济问题的。来哈佛访学自然不能错过这样的大师，对我们这样来自国务院发展研究中心的学者，费尔德斯坦教授很慷慨地安排了一个小时的时间与我和一位同事交流，地点就在NBER的办公室。

NBER名声在外，主要是因为其中的大师而不是大楼。它的位置离哈佛肯尼迪学院不远，在马萨诸塞大街1050号的一座大楼里。这座大楼其实只有三层属于NBER，费尔德斯坦教授的办公室在这里面应该是最大的了，位于二层的西北角，两面带窗，视野开阔。助理很热情地将我们引导至办公室，教授正在那里等着我们的到来。旁边的桌子上还摆放着他参加中国发展高层论坛的中文名牌，应该是拿回来作为纪念的，让我们感到一丝亲切。

整个交流过程很顺畅、愉快，尽管有一些不同观点。费尔德斯坦教授给我的感觉是，他对利率、资产、债务和危机的关系有很精到的理解，同时也是社保问题的专家。他似乎很注意维护美国经济的形象，甚至显得有些“官方”。我提出，美国经济失衡的最大问题是“生产少而消费多”，长期来看增长前景也不容乐观。但是费尔德斯坦教授认为，美国经济没有大问题，失业率也不高（5%），持续低利率（他称之为“非常规的货币政策”）维持的资产价格使供需正在逐渐恢复平衡，以后随着加息可能性的增加，也许会有一些风险。我又提出，曼昆以前说储蓄低是美国的问题，但是金融危机以后储蓄率提高了，而实际利率一直很低，是否意味着美国将储蓄转化为投资的能力不足？教授认为，利率在美国很大程度上决定于美联储，而不是储蓄和投资之间的市场关系。在他看来，已经不能简单地用收入来分析美国的需求，也不能用货币中性论的看法来看待经济发展，对金融系统的深入理解是研究美国经济问题的关键所在。

对于美国正在举行的如火如荼的选举，我认为反映的是美国经济的问题。费尔德斯坦教授则认为情况不这么简单，并举例说，黑人按照经济学道理应该支持桑德斯，但是其实他们更支持希拉里。

谈到债务问题时，费尔德斯坦教授认为，美国政府债务的持续增加是有风险的，当然也有一些解决办法。比如，让公民自己储蓄、部分地将社保私有化来解决老龄化问题；再如，美国征税成本太高，几乎占到总税额（GDP 的 15% 左右）的小一半，还可以进一步降低。他认为日本的政府债务率虽然很高，但是百姓安居乐业，并没有改革的积极性。尽管乔根森等一些美国经济学家提议让日本增加劳动力市场灵活性、促进妇女就业，但是多数日本人认为没有必要。欧洲的情况不同，政府税率很高，各国之间的差异几乎危及欧盟的生存和解体问题。欧盟央行不得不通过购买债务等方式解决一些国家的问题，努力维持欧盟的存在。对于中国日益增长的债务率，费尔德斯坦教授认为中国的金融系统相对可控，不会爆发金融危机，但是必须引起重视，不能听之任之，否则会有后患。

最后还聊起了中国正在推进的供给侧结构性改革。费尔德斯坦教授对“供给经济学之父”这个称号既不承认也不否认，一笑置之。他认为中国的供给侧改革与美国里根总统当年的供给改革完全不同。美国的主要做法是调整税率、降低征税成本以刺激生产，而中国的首要任务应该是继续推进国有部门的改革，但是要注意可能带来的大量工人失业等社会问题。他对朱镕基总理当年改革国有企业的艰辛工作非常赞许，认为那是一项很伟大的举措。

一个小时的时间很快过去了，我们还有一点意犹未尽的感觉。离开的时候已经接近傍晚，费尔德斯坦教授依然带着礼貌的微笑送客，不失他那老派绅士的风度。

施莱弗的故事

哈佛大学经济系的系馆在哈佛老校区的西北侧，是一座白色的大楼（Littauer center），这里是经济学界最闪亮的学术殿堂之一。作为一个经济学人，来经济系上课多少也带有一种朝圣的感觉。拾级而上，在楼梯旁边的墙上挂满了曾在此执教的经济学大师的照片，比如创新经济学的鼻祖熊彼特、在多个领域都有杰出贡献的肯尼斯·阿罗等前辈泰斗。走过他们的照片墙，几乎相当于把经济学的发展历程重温一遍。在一楼一进门口的墙上，挂的是现在仍健在或任教教授们的照片，同样也是星光熠熠，包括诺贝尔经济学奖得主马斯金、阿玛蒂亚·森、奥利弗·哈特，还有哈佛德高望重的校级教授乔根森、宏观经济学大师罗伯特·巴罗、《经济学原理》作者格里高利·曼昆等。当然，其中还有代表哈佛经济系未来的一大批在学术界如日中天的中青年教授，比如安德鲁·施莱弗（Andrei Shleifer）。

提起施莱弗教授，在金融学和经济学界可谓大名鼎鼎，既是美国艺术与科学院院士，又是计量经济学会会士，属于全世界引用率最高的经济学家之一。他在行为金融学、宏观经济学和转型经济学等领域均有开拓性建树，1999 年获得了美国经济学会颁发的克拉克奖，哈佛前校长萨默斯和经济系前主任曼昆对他的才华都非常欣赏。奇怪的是，施莱弗的教授头衔前面并没有讲席称号。一般而言，哈佛各学院的名教授们都是以人名或机构冠名的讲席教授，而这些冠名的人或者机构很多都是哈佛大学的捐赠者，比如笔者所在的肯尼迪学院艾什中心主任赛奇是大宇讲席教授，就是韩国的大宇公司提供了赞助得以冠名。国外的高水平私立非营利大学的一个重要收入来源就是捐赠，而这种捐赠的回报常常就是冠名权。在大学校园里走一走，会发现不仅各个教学大楼都是被冠名的，甚至一些教室和会议室也是有冠名的，讲席教授也是如此。对于像施莱弗这样的著名经济学家，没有讲席名称是一件很奇怪的事情。为此，笔者专门请教了经济系的一位博士生，听他一讲才知道，原来这背后是有故事的。

施莱弗出生于俄罗斯，是一位俄裔美籍经济学家。他也非常关注自己祖国的命运，对转型经济学和俄罗斯经济颇有研究。鉴于他的学术成就和出身背景，美国国际发展署（又译援署）专门请他和另一位出身哈佛的著名律师乔纳森·海（Jonathan Hay）担任俄罗斯政府顾问，负责帮助已经被和平演变的俄罗斯设计经济转型和私有化方案，实施所谓的“休克疗法”，并为此专门提供了高达5700万美元的经费。然而，在施莱弗他们设计实施俄罗斯股票与证券市场改革方案过程中，竟然卷入了其中的投资内幕交易，具体操作者是施莱弗女朋友所在的公司。这等于是拿美国纳税人的钱非法牟取私人利益，当然是一个不能容忍的丑闻。

2000年，美国司法部提起诉讼，将施莱弗、乔纳森·海以及他们所在的哈佛大学一起告上法庭，指控其在俄罗斯营私谋利，而哈佛大学则是监管不力负连带责任，并为此索赔4000万美元巨款。这涉及到自己的学术声誉和切实利益，因此施莱弗始终不承认自己和女友公司之间有什么瓜葛或者亲密关系，而司法部也拿不出直接有力的证据，这个官司一拖就是五年。直到2005年，双方才正式以不认罪但认赔的方式达成和解，施莱弗本人赔偿200万美元，乔纳森·海承诺将日后投资的回报来分期支付罚金，而哈佛大学则付出了赔偿2650万美元的高昂代价。

这个结果一出，哈佛舆论当然是一片哗然。一些教授对哈佛校方以如此之大的代价来保护施莱弗意见颇大，矛头直指时任校长萨默斯。萨默斯本人的确与施莱弗关系密切，又深爱其才，才顶着巨大压力做出了赔偿决定，估计也只有像他这样有魄力的校长才敢于做出如此决策。在某种程度上，这也是他被教授们投不信任票以至于黯然下台的原因之一。也正是因为这一丑闻，本来被聘任为哈佛大学经济系琼斯讲席教授的施莱弗被剥夺了该讲席称号，成为“光头”教授。

发生在施莱弗身上的这个故事颇值得玩味。首先，权力带来的寻租机会会让如此有智慧和声望的经济学家也管不住自己的欲望，何况是当年俄罗斯转型时期的官员和寡头们?

休克疗法的初衷也许很好，但是短期内从计划经济转向市场化、私有化，其中蕴含着大量道德风险，又没有完善的法律制度和执法环境，因此其最终不如人意的结局带有内在的必然性。第二个感受是惊讶于哈佛大学对人才的保护力度。如果同样的事情发生在中国，当事人恐怕是一定会被开除的。笔者无意评价两种处理方式的优劣，甚至也觉得哈佛大学不应如此纵容施莱弗，只是觉得世界顶级大学真的对人才非常珍惜和重视，因为这才是其立校之本。

笔者得见施莱弗真容是在曼昆的经济学课堂上，曼昆将他列为自己最欣赏的四位中青年经济学家之一，特别邀请他讲授关于私有与公有经济比较的课程。主持人在介绍时称他为“一个很酷的家伙”（a cool guy），不知指的是学术还是性格。出乎笔者所料，施莱弗一个字都没有提及当年做俄罗斯政府转型顾问的往事或者经验教训，而是以哈佛校园中校办快餐车与私人快餐车的效率比较为例，阐述两种不同所有制经济之间的区别。也许他自己不太愿意回首那一段有些不堪的往事，但是已经无法将之从俄罗斯转型历史和哈佛大学校史上抹去。

当然，施莱弗依然是一个杰出的经济学家，这一点并没有因丑闻而改变。

幽默的曼昆

哈佛人数最多的大课就是格里高利·曼昆讲授的经济学原理。这是一门入门级的经济学导论性质的课程，通俗易懂而又微言大义，所以与经济学相关的各系的学生几乎都来选这门课，以至于只好将课堂设在了能容纳上千人的桑德斯剧场。顾名思义，这个剧场是为歌剧、话剧等演出而设计的，很有欧洲古典风格，舞台两侧还矗立着两尊雕塑，坐在里面听课有一种莫名的神圣感，似乎映衬着曼昆的形象也高大起来。有的时候，一些非常受欢迎的演讲也会安排在这里举行。比如，有一次美国前副总统、绿色环保主义者戈尔来这里演讲，偌大的剧场几乎都坐满了。笔者去得较晚，已经没有座位了，真是没想到哈佛学子们也这么追捧这位前政要。

最早听说曼昆当然是源于他所著的那本经典教材——《经济学原理》。笔者在读研究生的时候，由于所在学校刚刚建立起经济系，没有足够的老师，于是才有机会独立为本科生讲授了一年的经济学课程。备课的时候选择了三本教材，除了中国人民大学高鸿业教授的中文版教材，还选了萨缪尔森的经典版《经济学》中译本，以及曼昆的英文版《经济学原理》。三本教材互相参详着看，慢慢也悟到了一些经济学道理。给我的感觉是，高教授的教材简明，萨缪尔森的教材严谨，而曼昆的教材最“通透”，不愧是出自大师之手而又深入浅出的经典之作。

仰慕已久，终于可以现场听曼昆的课，既向他学习经济学，又兼而学习如何讲课，也算是个难得的机会。他给人的第一印象是非常随和而又幽默，后背已经微驼，进入教室后就利用课前的时间跟围拢过来的学生们交流，时不时开个玩笑，有时候还很不雅地一屁股坐在讲台上，双腿耷拉下来很随意地晃着，跟学生们没有什么距离感。他既不像萨默斯那样略带霸气，也不像费尔德斯坦那样雍容有度，更像是个有学问的邻家大叔。他讲课的特点，一是善于把复杂道理讲得比较透彻、简洁，就像他把经济学的基本理论总结成“曼昆十条”，特别便于学生理解和领会其中的精髓；二是喜欢开玩笑，时不时就引来一片笑声。难怪曼昆比较受学生欢迎，谁会不喜欢一门既轻松又能获得真知灼见的课程？当然，课后作业并不轻松。此外，他还根据课程的不同专题邀请相关领域的权威来授课，比如请马丁·费尔德斯坦来讲社保问题，请施莱弗讲私有经济与公有制比较，等等。这种开放式授课方式使学生们非常受益，也显示出曼昆的胸怀和强大的“朋友圈”。

最能显示他幽默气质的是最后一堂课。这堂课的主要任务是答疑，但不像我们想象的那样为考试而答疑或者“划重点”，而是从学生发邮件提出的各种问题中挑选出一些有意思的问题来回答，这就是典型的“曼昆式答疑”。比如，有的学生关心他的另一半是怎么认识并走到一起的，他就绘声绘色地给大家讲述当初学生时代如何做火车偶遇一位女孩，进而主动攀谈、开始约会直到走到一起，不仅没有暴露隐私的顾虑，反而洋溢着一种自得，大家听得也津津有味。有的学生还专门制作了一面印满了曼昆各种表情的旗子，从二楼垂下来，一看就是他的忠实粉丝。最令人意外的是，在课程即将结束时，西装革履的曼昆突然一把撕开衬衫，露出里面一件酷似超人背心的T恤衫，只是胸口正中的字母“S”换成了这门课程的代号“E10”。原来这是曼昆给大家制作的课程纪念衫，选这门课的学生都可以得到一件。听到这个消息的学生们顿时沸腾起来，欢呼着去剧场外领取这个难得的纪念品。在我们中国学者看来，这有点疯狂的幽默，真的是彰显了曼昆的个人特色和魅力。

不过，曼昆也并不总是这么受欢迎。也许是由于他对亚当·斯密的经济学理论过于推崇，忽视了现实中愈演愈烈的金融危机、贫富差距和不平等，几年前的一次课上，数十名学生当着正在讲课的曼昆的面，集体起立并退场表示抗议。尽管之前这些学生已经通过公开信对此次行动进行了预警，但是仍然让曼昆有些意外。这当然不是对曼昆本人水平的不满，而是经济学理念的差异使然。在这些学生看来，自由放任的市场经济可能正是导致金融危机的根本原因，而曼昆却仍然在课堂上宣扬这样的观点。这可能是一种误解，曼昆在总统经济顾问委员会主席任内时，曾在金融危机之前就发现了房利美、房地美等公司存在的风险，可惜未能引起白宫的足够重视。耐人寻味的是，曼昆一直被认为是一位新凯恩斯主义者，哈佛也是支持政府发挥作用的“咸水派”经济学家聚集之地，足见新凯恩斯主义和新古典主义的共同点是远大于分歧的。当然，曼昆并不以为忤，还把抗议者的言论贴在自己的博客上，供大家评说。这种处理方式不失大家风范，所以挺他的学生粉丝们依然很多。

以笔者对曼昆的侧面观察，感觉他是一个不太愿意跟自己较真儿的人，幽默的背后甚至还有点慵懒。这很可能在一定程度上限制了他在学术上的高度，尽管他已经是很杰出的经济学家。他的经典之作主要是那篇关于“菜单成本”导致市场有所失灵的论文，再就是那本销量已达数百万册的《经济学原理》。以曼昆为外界所公认的绝顶聪明，本该是有机会获得克拉克奖甚至诺贝尔经济学奖的，但实际上他在教书育人方面的贡献要远大于学术上的贡献。不过，这也许就是曼昆的追求，他不一定愿意皓首穷经地去钻研，而更愿意以通俗的语言概括出经济学精髓，并传道于大众。

很想找个机会跟曼昆教授当面交流，可惜约得有些晚了。曼昆回邮件说正值期末考试，而且考完后就要去度假了，只能婉拒。这倒符合他的性格和兴趣，因为之前也很少看到他对日益崛起的中国经济发表什么高论，与其讨论这些“无聊”的话题，倒不如抱着他的两只猫逍遥度假。对这种“活明白了”的生活态度，我倒是很喜欢。

长者珀金斯

用“长者”一词来形容哈佛大学经济系的德怀特·珀金斯教授（Dwight Perkins）再合适不过了。一来这位著名的中国经济问题专家是笔者在哈佛访学期间拜访过的除傅高义教授之外最年长的老先生，其时已经81岁高龄，稀疏的头发已经全白，但两道眉毛又浓又黑，眼睛不大但烁烁放光，精神依然矍铄。二来珀金斯教授指导过许多前来哈佛访学或者做博士后研究的中国学者，包括大名鼎鼎的樊纲教授等人。老先生先后担任过哈佛大学东亚中心副主任、经济系主任、国际发展研究所所长等教职，在关于中国经济的研究领域贡献突出。所以，从上世纪80年代以来，他和另一位担任过美国副国务卿的理查德·库珀（Richard Cooper）教授，就经常被安排做中国访问学者的导师。笔者在肯尼迪学院艾什中心汇报研究结论时，这两位老先生也在现场坐阵。

珀金斯教授在总结中国经济崛起的“秘密”、预测未来增长前景等方面有着独到的研究视角和理解力。尽管由于年龄原因，他已经不再站在学术前沿上，但是对中国经济的关注依然如故。从研究脉络上来看，中国近年来提出的最重要判断——经济发展“新常态”，也跟珀金斯教授的论文有关。

“新常态”的核心特征之一就是经济增速“换挡”，从高速增长走向中高速增长阶段。对于这一点，国际上最早预见到的学者就是珀金斯教授，他在2007年的一篇论文中比较了追赶型国家在发展过程中经济增长速度的变化规律，并提出中国已经快到了经济增速“下台阶”的新发展阶段。今天看起来，这篇文章是非常具有前瞻性的，这位老先生的判断力令人钦佩。

珀金斯教授是中国发展高层论坛的“常客”，和笔者服务的国务院发展研究中心一直有着很好的合作交流。当笔者和同事提出希望进行一次面对面交流时，珀金斯教授不但一口答应，而且还主动提出要请我们吃一顿午餐，令人倍感亲切。午餐交流的地点在哈佛老校园旁边的教工俱乐部（Faculty Club），那里的食品质量比较高，环境也很好，艾什中心每年的访问学者“结业”餐会就放在那里举行。在一个阴雨绵绵的中午，我们如约赶到教工俱乐部，还有点担心雨天路滑，老先生是否能顺利到达。没想到他已经在那里等候多时了，非常热情地与我们握手寒暄，并引导就坐。

笔者首先赞扬了他的那篇预测中国经济减速的经典文章，他既谦虚又有些满意地说了句俗语：“目前来看还不错（So far so good）。”接下来的话题自然是围绕中国经济展开。珀金斯教授认为，正常情况下，中国未来一段时期维持5%-6%的增长速度是比较理性的。在他看来，有一些办法可以带来更高的增长速度，尤其是推进金融系统的改革、深化国有经济部分的改革等，但是这些改革都是所谓的“深水区”，操作起来并不容易，会遇到一些利益集团的阻力。他认为，金融系统的风险是未来中国最应注意的潜在风险之一，但是短期内发生金融危机的概率不大。虽然中国的总债务与国内生产总值的比率较高，但是因为中国的金融系统仍以国有银行为主，债务在某种程度上可以向政府转嫁，总体风险是可控的。不过，发生通货膨胀或资产泡沫的可能性是存在的。他还比较了日本的情况，日本政府的债务率要比中国高得多，但由于利率水平非常低，甚至是负利率，所以债务造成的实际负担不算高。而且日本的债务也是以内债为主，外债并不多。

对于中国投资率仍高企的问题，珀金斯教授认为，随着投资回报率的逐渐下降，这么高的投资率一定是不可持续的。由政府拉动基础设施投资是个稳定经济增速的办法，但是基础设施水平应该与经济发展需求相匹配。如果一些基础设施已经过剩，那么再建就是不经济的，可能会继续推高债务率。我们提出，当年日本和韩国等东亚国家在后发追赶过程中投资率也很高，这可能是个普遍规律。但是珀金斯教授认为，日本、韩国和中国面临的历史背景有很大的差异，日韩两国都是在经历了大规模战乱后重建城市和基础设施，所以当时投资率比较高；而中国的情况则不同，有很多属于超前建设的项目。

关于中国经济的未来发展，珀金斯教授特别提出了如何释放更多劳动力资源的问题。中国的劳动人口总数已经度过了增长峰值，开始缓慢下降，而未来发展又需要更多的产业工人和服务业从业者。他认为最迫切要解决的就是怎么让“农民工”进城工作的问题。一个合理的设想是，让在工业化、城镇化过程中失去土地的农民能够获得足够的土地补偿，这样他们就可以在城市买房并接受教育，获得社会保障，从而安居乐业。当然，这需要针对土地、户籍等与社会稳定有关的制度，设计合理的改革方案并持续推进，需要政府的决心和耐心。

临近午餐结束的时候，研究创新制度和政策的笔者向珀金斯教授提了个请求，请他推荐几位继承了熊彼特衣钵的创新经济学领域的教授，以便日后登门求教。没想到这个问题成了这次午餐会最难回答的问题，老先生思索了一会儿，如实相告：这方面的专家还真不多。最终他推荐了著名的哈佛校级教授戴尔·乔根森，这位前辈我早有耳闻，也读过他的文献，只是不知道身体是否还康健。珀金斯教授笑着说，其实这位老先生比他还年长，已经82岁了。如果想去拜访，他可以帮助引荐，笔者对此深表感谢。

不过很遗憾的是，最终笔者还是没能见到这位乔根森教授。当时这位老教授正在日本，带领着研究团队面对面向包括日本首相在内的内阁成员提出咨询意见和建议。想想珀金斯和乔根森两位老先生，年过八旬仍如此活跃，怎不令虚度青春的年轻人赧颜?

“十年一剑”傅高义

如果说珀金斯教授和库珀教授是哈佛的中国经济问题专家，那么在中国政治和社会变迁研究方面首屈一指的权威学者无疑就是闻名遐迩的傅高义（Ezra Feivel Vogal）教授了。在哈佛大学举办的各种与中国或东亚有关的论坛上，几乎都能看到这位老先生的身影。当年，傅高义教授顶着压力，力邀中国国家主席江泽民同志在哈佛发表了一次重要演讲，并亲自担任主持人，足见他在东亚和中国研究领域举足轻重的地位。傅老曾担任哈佛费正清东亚研究中心主任，是美国学界有名的中国通、日本通，也是美国政府制定东亚政策的重要咨询专家之一。之所以能有这样的成就，笔者觉得除了天赋，更重要的是傅高义先生在研究上“十年磨一剑”的严谨治学态度和刻苦钻研精神。

傅老最重要的著作无外乎两本：一是写于上世纪 70 年代末的《日本第一》，二是广为中国读者熟知并称道的《邓小平时代》。美国自从二战之后就成为了世界超级大国，尤其是在经济发展方面长期独领风骚，一直有着非凡的制度自信和文化自信。在这种背景下，其他国家以美国为师并认真研究其政治、经济、社会、文化制度的学者不在少数，但是美国研究亚洲发展中国家的高层次学者，像费正清教授这种量级的并不多。但是，日本、韩国、中国三个东亚后发国家先后实现了经济持续高增长的“奇迹”，引得傅高义先生产生了研究东亚社会和民族特性的兴趣，最终成为这个领域的领军人物。他在日本生活过两年之久，目睹了战后日本经济的复苏和起飞，很想通过自己的著作来告诉已经有些意识到日本崛起威胁的美国人，不能总是洋洋自得地认为美国一切都是完美的，不努力、不向他国学习的后果可能就是被追赶甚至超越，所以才用了“日本第一”这样一个醒目的书名。

《邓小平时代》的写作背景与之类似。时值中国伟大的改革开放进程带来高速经济增长之际，傅高义预感中国的转型和崛起可能将深刻改变世界格局，因此必须研究清楚这一重大历史事件以及它背后的推动者。这本书的写作先后一直持续了十余年之久，傅高义多次来中国调查研究，与很多历史当事人或相关者直接进行交流，翻阅了大量的中英文资料，而且每天挤出固定的时间，坚持学习被西方人认为最难学语言之一的中文，练就了一口流利的普通话，甚至还能说几句邓小平家乡的四川话。梅花香自苦寒来，这本书一经出版，就引起了世界的关注和如潮的好评，成为研究中国问题难以超越的经典之作。傅老的严谨态度还体现在对中文版的处理上，他先将翻译好的中文版寄给一些中国学者，请他们认真审阅并提出意见和建议，然后进行修改完善，并以此为依据再次修订英文版。正如我们看到的很多大师一样，智慧的背后其实都是心血和汗水。

很多来自中国的访问学者都想向傅高义教授当面求教，我们也不例外。时间约在一个下午，我和另一位同事一起来到傅老的住所。那是一座二层独栋小楼，就坐落在离哈佛燕京图书馆不远的地方，想来也是为了研究方便。波士顿的房价并不便宜，尤其是在哈佛的周边，能有这样一处住所也是很奢侈的事情了。不过，走到门前一看才知道，傅老只住了一层，二楼是其他住户。也许像傅老这样不图名利的学者收入并不特别高，所以把二楼租出去以房养老。我们到得略早了一点，傅老看到了在外面徘徊的我们，打开门热情地将我们邀入房中，并以中国茶待客。四周的墙上挂着一些亚洲风格的画作和装饰品，整个房间看起来更像是日式风格。傅老的工作桌上摆着厚厚的资料，显然还在从事一项研究或写作。

儒雅的傅老带着标志性的笑容问我们习惯讲英语还是中文，为了更方便交流我们选择了说中文。傅老说这样最好，对他而言也是一个锻炼语言的机会。还没等我们问，他就主动介绍说自己正打算写一本关于中国和日本关系的书，从唐代开始写起，争取把两国的历史发展和渊源讲清楚，力求正本清源、以古知今。这着实令我们有些惊讶和佩服，傅老已经功成名就，大可颐养天年，何苦再如此劳神写作？而且，生于1930年的傅老已经是86岁高龄，如果再拿出十年来写作，书成之日就年近百岁了。更加不可思议的是，在这本书之后，傅老还有写作计划，要写一本关于中国前领导人胡耀邦同志的著作。在他看来，胡耀邦和邓小平一样，都是改变过中国历史的重要人物，而且他们的事迹对中国未来发展也很有启示意义。

2016 年的上半年正值许多美国专家热衷于“唱衰中国”之时，记得 4 月份的《美国利益（American Interest）》杂志在同一期刊登了两篇封面文章，从经济和政治两个角度质疑中国的发展前景。对此傅老并不以为然，他认为没必要做出这么悲观的预测。因为从历史发展来看，每当中国出现较多困难和障碍的时候，总会有合适的领导者找到合适的办法来推动中国继续发展，未来估计仍将如此。至于中国崛起过程中可能面临的与周边国家的摩擦问题，傅老认为最关键的是增进互相之间的了解和沟通，弄明白各自的行为逻辑和文化背景，这对避免冲突至关重要。以中日关系为例，他认为中日之间互相了解对方的专家还是比较少，而且还不一定敢出来说话，双方政府需要多向了解对方的国内专家问政，而不是仅仅自说自话式地表达强硬态度。

交流结束之际，傅老拿出《邓小平时代》的英文版，非常认真地用中英文在扉页写下：“赠田杰棠，于哈佛大学”。然后又签上自己的名字，郑重地赠送给我们。对这个礼物，笔者非常珍惜，一路从美国拎回收藏起来。这本书所代表的，就是傅老那种“板凳要坐十年冷、文章不写半句空”的治学精神。

“印度老头”温吉

关于创新的研究其实非常复杂，是个多学科领域。正如英国著名学者弗里曼（Chris Freeman）所言，研究创新不仅需要经济学知识，还要涉及到管理学、社会学、法学等各个领域。在哈佛大学与创新研究有一定相关性的教授大体上可以分为三个方向：一是走经济学路子，主要研究创新与增长关系的学者，比如经济系的乔根森（Jorgensen）教授和阿吉翁（Agion）教授；二是从管理学知识体系出发研究创新创业的学者，比如商学院的克里斯滕森（Christensen）教授（“颠覆性创新”理论的创立者）和勒纳（Lerner）教授；三是研究科技类公共政策的学者，比如本文的主人公，来自班加罗尔的美籍印度裔教授温吉（Venkatesh Narayanamurti）先生。由于他的印度姓不太容易发音，所以大家都昵称他为温吉（Venky）。

温吉教授在哈佛以及美国科技界知名度颇高，曾在自然科学领域从事半导体材料的研究，先后担任过美国桑迪亚国家实验室副主任和哈佛大学物理系主任，2007 年哈佛工程和应用科学学院创立时被遴选成为创始院长。后来，温吉又转型从事公共政策研究，任肯尼迪学院贝尔弗中心科技政策项目主任，2011 年起还兼任了美国工程院的外事主任，与中国工程院、清华大学等国内科研机构有过一些交流合作。2016 年温吉教授正好 70 岁，哈佛大学校长福斯特女士亲自为他祝寿，感谢他多年来为学校不同院系发展所做出的卓越贡献。

职业生涯如此辉煌的美籍印度人虽然算不上很多，但是总体上还是要比华人数量多一些。在美国各大公司的高管当中，印度人也要比华人多一些。笔者观察发现，第一代移民美国的华人往往会遇到职业上的“天花板”，奋斗成为中产阶级没问题，但是想做政府高层、公司高管以及名校院系负责人就比较困难。第二代出生于美国的华裔机会则多一些，比如担任了政府阁员的骆家辉、朱棣文等。相比之下，印度人似乎更容易获得美国人的信任。笔者就此问题和一些华人朋友交流过，他们觉得印度人总体上比华人更能服从美国人的领导，而华人大部分都还有着很强的祖国意识和爱国主义精神，因此容易引起美国人的警惕。而且，部分印度人喜欢在背后搞一些“小动作”，而很多华人则不屑如此。当然，还有一个就是殖民地经历给印度人带来的语言优势。笔者曾访问过印度，深以为印度人的英语非常难懂，发音时“r”与“l”不分。没想到美国人的普遍看法是，印度人讲英语比较好懂，最难懂的是东亚人的英语，中国还好，日、韩尤甚。

温吉教授在肯尼迪学院一间面积不大的办公室里接待了笔者的来访。第一个议题就是科技政策。他首先提出一个鲜明的观点：不应严格区分基础研究和应用研究。对于基础研究和应用研究的线性划分，最早是在二战期间由布什（Bush）教授提出，并由此推动建立了白宫科技政策办公室，开始为大学提供基础研究资助。但是这种线性划分也引起了一些争议。普林斯顿大学斯托克斯（Stokes）教授在其名著《巴斯德象限》一书中指出，有些领域可以这样划分，比如物理学家波尔专门从事基础研究、发明家爱迪生专门从事应用研究，但是也有生物学家巴斯德这样无法区分基础研究和应用研究的情况，科学前沿的成果可以直接用于医学治疗。温吉认为，可以把科技研究分为发明（invention）和发现（discovery），但两者互相促进，不可分割。这可能与他担任工学院院长的经历，以及哈佛大学在生物技术研究领域的领军地位有关。在笔者看来，生物学领域的确存在基础研究和应用研究界限模糊的现象，比如中国企业华大基因公司，既能开展商业化应用又能在国际顶级学术期刊上发表文章。但是其他自然科学学科就不一样，基础研究和应用研究有着较清晰的界限。即使在关注现实问题的经济学领域，学术研究和政策研究也有着较大区别。

温吉教授接着又谈到了美国科技政策的执行机制。和其他各国一样，美国也有能源部、国家科学基金会、国防部和国家卫生研究院等许多具体执行部门，各部门同样存在部门利益、互相竞争。所以才需要由白宫科技政策办公室来帮助总统从国家整体利益出发，平衡各个领域的财政支出预算，并交国会审批。在科技项目执行中，美国政府比较倾向于借助社会力量。比如，国家实验室基本都是建立法律规章后，交由专业的大学或企业来运营。政府会资助国家实验室购买大型科学设备，但是也要求将这些设备向社会开放使用，通过考核的方式来进行绩效监督。

温吉教授还谈到了印度的一些情况。他认为印度大学的一个重要特点就是保持了学术研究的独立性和自由度。由于受英国的影响比较多（牛津大学和剑桥大学都很重视自身的独立性），印度政府曾为国内的印度理工大学（IIT）量身打造了一个法案，允许其高度自治。但是印度对外国人来留学和移民的政策比较封闭，远不如美国这么开放。哈佛大学能够允许一位外国裔教授担任工程学院的创始院长，这在印度几乎不可想象。这种封闭的态度其实与印度的民主制度有很大关系。而且，尽管基础设施的数量和质量对促进不同地方之间的交流非常关键，对创新也有重要影响，但是印度的制度非常不利于开展基础设施建设，这令他颇感无奈。

从温吉的办公室告辞出来，笔者心中还萦绕着一个没好意思当面提出的问题：既然对祖国的问题有这么多真知灼见，为什么这位“印度老头”不像中国科学家钱学森那样，毅然回国帮助祖国发展？也许，这就是两大文明古国文化的差异，是儒家和印度教在价值观上的区别所在吧！

“中国学生之友”弗里曼

笔者在2016年春季学期选课的时候，在课单上找到两门经济系开的课程，分别是“中国经济”（China Economy）和“科学技术经济学”（Economics of Science and Technology）。这两门课的主题都是笔者比较感兴趣的，而开课的恰恰又是同一位教授——理查德·弗里曼（Richard Freeman）。这位教授在中国知名度并不是很高，但是看了下他的简历，方知其也是个不折不扣的“大牛”。弗里曼是哈佛经济系教授、伦敦经济学院（LSE）高级研究员，同时又是美国国家经济研究局（NBER）的当家学者之一，劳动力研究组组长。而且，这位老先生还曾担任过美国经济学学会副主席，入选了美国艺术与科学学院院士。这些机构和荣誉在世界上都是响当当的，能获得其中一项成就的学者都应该算是很好的经济学家了。

第一次见到弗里曼教授是在第一节中国经济课上。课堂就在经济系一个不大的教室里，在场的几乎一多半都是来自中国的年轻学生。这门课主要以专题讨论会（workshop）形式来安排，每节课请一位研究中国经济领域的研究生或访问学者来讲一项研究成果，然后大家进行讨论。弗里曼教授微笑着欢迎大家来上课，并让每个人做自我介绍。笔者扫视了一圈，感觉大家都很年轻，于是在介绍完自己之后说了一句“我可能是这里最老的人了”。没想到大家哄堂大笑，弗里曼笑得脸都红了，然后说了一句“除了我之外”。笔者也觉得很不好意思，无意之间幽了一默，倒是让课堂顿时轻松起来。

这节课的内容是请弗里曼的一位中国研究生讲一篇自己的工作论文，一个看起来很瘦弱的女生介绍了自己的研究主题：中国各地方言差异与劳动力流动的关系，主要工作是找到代表方言差异的合适变量，然后结合劳动力流动人数做计量分析。在提问环节，学生们很踊跃地讨论论文中的一些技术细节，弗里曼教授时不时点评几句。说实话，这个主题对于研究生做学术研究可能是比较合适的，但是像笔者这样的智库学者对此着实不感兴趣，于是就和旁边的学生聊了几句。听他一说才知道，这位弗里曼教授大约指导着二十几位研究生和访问学者，是哈佛校内指导中国学生最多的老师。这些学生的主要任务就是帮助弗里曼搜集中国经济的数据，然后在他指导下开展研究。看来这位和蔼的老先生真是不折不扣的“中国学生之友”了。

有些大作家或学者，头脑中充满智慧但是口才比较一般，比如著名的武侠小说大师金庸先生。弗里曼教授也有类似的特点，尽管学术成就很高，但是讲课并不那么吸引人。“科学技术经济学”这门课分为两个部分，一是常规的讲授式课程，二是请一些美国优秀的经济学者或专家来做演讲。后者是比较精彩的，笔者几乎每堂课都去听。其中既有学术性较强的报告，也有关注实际操作环节的，比如曾经请哈佛技术开发办公室（OTD）主任柯尔伯格来介绍过学校技术转移转化的制度和绩效。但是弗里曼教授讲课的部分就稍显尴尬，笔者去过几次，大概只有四五个人听，连他自己的研究生都不全在场。不过，弗里曼给大家准备的课堂材料还是非常有价值的，值得认真研读。

从简历上看，创新问题是弗里曼教授近期研究的主要方向之一。邮件约定之后，弗里曼在国家经济研究局的办公室与笔者进行了交流。谈到如何评价创新能力时，弗里曼认为，全球创新指数（GII）、全球创新记分牌（GIS）、科技竞争力指数（CST）等世界上主要创新能力评价报告的分项指标中，有很多是基于人均或相对数据的，所以瑞士、新加坡、芬兰等国总是名列前茅，而中国只排在25–30位左右。如果考虑总量，中国应该位居前列，甚至可能仅次于美国居世界第二。科技园区也是弗里曼教授比较关心的问题，他正在和一些中国学生研究科技园区的政策。他发现美国很多著名大学所在地（如芝加哥）也开始想建设大学科技园，使科学技术转化为经济发展的动力。联邦政府也很支持，甚至把联邦的土地交给州政府来建设创新园区，但是成功的案例仍然不多。他知道中国有150多家国家级高新区（事实上更多），有的发展比较好，也是很好的政策试验场。他建议中国应该全面审视一下高新区的政策，认真评估哪些政策是成功的，哪些是失败的。在此基础上，下一步才能对科技和创新政策进行精细化设计和管理。对此笔者非常赞同，也很希望弗里曼教授的研究成果能为中国政府制定和实施创新政策提供支撑。

交流结束之际，笔者半开玩笑地对弗里曼提出感谢，谢谢他培养这么多中国学生。他很认真地说："对中国而言，一个重要的政策就是鼓励年轻人到美国留学甚至工作，这对中国和美国提升创新能力都有好处。"的确如此，以前曾有人质疑中国政府花费大量补贴培养的高质量大学生很多都输送到了美国，现在看起来这种观点是比较狭隘的。越来越多的留学生回国创业或寻求职业发展，很多高科技企业都是这些"海归"创立的，为中国创新发展做出了不可磨灭的贡献。当然，其根本原因是中国经济高速增长带来了更多发展机会，换个其他国家就不一定会这样。比如，俄罗斯在基础研究领域有许多杰出科学家，很多优秀人才到美国大学工作，为世界科学发展做出了很大贡献。但是俄罗斯的国内经济表现平平，愿意回国发展的"海归"就相对较少，甚至还出现了施莱弗这样在祖国转型过程中寻租的"丑闻"。如果我们的政府能够继续优化营商环境和生活环境，那一定会有更多更优秀的人才愿意回来报效祖国。

青年才俊格莱泽

哈佛老校区附近有两家书店，一家名为哈佛书店（Harvard Bookstore），在马萨诸塞大街南侧；另一家是位于哈佛广场旁边的哈佛合作社（Harvard Coop）书店。虽然前者的规模更大一些，但是后者才是哈佛大学开办的“正宗”书店。两家书店都不错，逛这种高质量书店的好处在于，珍惜声誉的书店老板已经帮顾客们筛选出了一批有价值的书，读者不必在庸书上浪费太多时间。相比之下，笔者更喜欢哈佛合作社书店，中午饭后时常去逛逛。美国的书籍价格是比较贵的，体现了对知识产权的尊重，好在这家书店地下一层还卖旧书，价格要便宜很多，有的只要几美元。在门口处有一排书架，专门销售哈佛大学教授们的著作，其中在最醒目的位置摆着一本《城市的胜利（Triumph of the City）》。笔者忍不住拿起来翻了翻，内容很有意思，语言也比较通俗易懂，作者就是哈佛大学经济系颇有些名气的青年才俊爱德华·格莱泽（Edward Glaeser）。

这本书的核心思想是歌颂城市这一“人类最伟大的发明”，作者通过回顾各国城市发展的兴衰史和治理经验，从经济学角度出发分析了城市如何让人类变得“更加富有、智慧、绿色、健康和幸福”。作者对支持高密度的城市居住方式，反对“汽车＋郊区”的大面积发展模式。这一观点和美国大部分中产阶级的想法明显不同，笔者在当地生活的几个大学同学都住在自然环境舒适的城郊，倒是很多“群居式”的养老公寓和经济适用房都建在城里。因书成名的瓦尔登湖就在波士顿郊区，而《瓦尔登湖》的作者梭罗是一个不折不扣的自然主义者，他宁愿远离喧嚣，悉心体会大自然的春去秋来，也不愿意住在大城市里。如果格莱泽是对的，那恰恰说明了现代人的矛盾心理：为了更加富有而创造了城市，同时又企图逃离大都市去享受安宁。

格莱泽是哈佛大学经济系教授，平时主要讲授微观经济学，但学术成就集中在城市经济学领域，是中青年领军人物之一。有学者将他和麻省理工学院的阿斯莫格鲁，以及他的同事施莱弗并称为经济学界的“三大快手”，意即学术论文写得快、发得多。格莱泽毕业于“淡水派”经济学重镇芝加哥大学，是诺贝尔经济学奖得主加里·贝克尔（Gary Becker）的得意门生。因为在城市经济学领域的开创性研究，被另一位诺奖得主阿克洛夫称为“天才”。从其学术简历来看，他对城市的创新创业环境也有深入研究，这正是笔者关心的领域。

格莱泽教授很快回复了笔者的约谈请求，表示很高兴谈谈（Happy to talk），不过他的研究助理将时间约到了 20 多天之后，看来他是很忙碌的。笔者早到了一会儿，在他位于经济系的办公室门口等候，时间不长，就见他西装革履、衣着光鲜地从楼道里走过来，显然是刚刚参加完什么活动。接过笔者的名片后，他看了一会儿，然后幽默地说了句“酷啊（Cool）”，让交流气氛一下子变得轻松起来。

笔者首先谈到了自己的一个困惑，中国的“大众创业、万众创新”搞得很红火，但是如何测度高技术创业企业的成长是研究中的一个难题。格莱泽说，他曾尝试着用公司规模、成长速度、员工数量和受教育程度等来衡量高技术创业的情况，但是发现许多数据并不可得，这在美国同样也是个难题。当听到中国每天诞生 1.5 万家新企业（还不包括个体户）时，他对这个数字也感到非常惊讶和好奇。对于创新创业，格莱泽认为最重要的核心问题是人力资本，这也许是受其导师贝克尔的影响。他认为，需要在大学中开展创业教育，包括对风险投资知识的培训。对中国而言，一定要与发达国家多进行交流，多鼓励国内人才到美国的风险投资企业来工作和学习。

对于如何形成一个创新型城市，格莱泽讲了三点看法。一是要放松规制。比如，历史悠久的波士顿法律限制就比硅谷多，所以传统上比较适合大企业生存，对创业就有些严苛。波士顿所在的马萨诸塞州执行竞业禁止协议（covenants not to compete），不允许辞职员工在两年内到竞争对手企业就职，硅谷就没有这样的限制。二是要建设宜居型城市。比如北京，空气污染严重、交通拥堵、房价太高都不利于创新创业。三是政府不要对创业干涉过多，否则可能适得其反。以上海为例，浦东新区有很多政府建立的高楼大厦、孵化平台，但是不一定有利于创业；反而是南京路这样的地方给他感觉更适于人才聚集和创新创业。笔者提出，是不是政治气氛比较浓厚的首都都不太适合于创新创业？格莱泽认为，首都也不一定都不适合创业，关键是看政府的控制力和干预程度。他举例说，伦敦、巴黎以及靠近华盛顿特区的南弗吉尼亚，都还算是创业积极的城市和区域。

接下来的话题转移到了大学的技术商业化和创业。格莱泽比较了哈佛传统基因和斯坦福大学、麻省理工学院的不同之处：哈佛的校训和文化一直是“追求真理”；麻省理工强调动手能力，鼓励理论与实践相结合；而斯坦福自成立之时就是鼓励商业化的。哈佛的老校长陆登庭（Neil Rudenstine）认为商业化不是一件好事，因此对技术转移和教师学生创业都不特别支持。从萨默斯任校长以后才有了变化，更加重视研究成果的商业化。

半小时的交流结束后，格莱泽教授推荐笔者再读一读安娜丽·萨克森宁于上世纪 90 年代所著的《地区优势——硅谷和 128 公路地区的文化与竞争》。后来，笔者按照他的建议从哈佛图书馆借来了这本书的英文版，认真“啃”了一遍。果不其然，很有收获。

“中国通”赛奇和康义德

笔者所在的哈佛大学肯尼迪学院艾什中心（Ash center），是一个非常有中国气息的机构。办公楼走道的墙上挂满了各类来自中国的字画作品，像一个小型的展览馆。笔者办公室对面墙上是一幅影印版的书圣王羲之名作《兰亭集序》，感觉很亲切，又有些自豪。公共厨房里除了咖啡机，还有一些中国学者馈赠的绿茶、白茶、铁观音等各式茶叶，味道很正宗。访学期间正赶上猴年的春节，艾什中心专门举办了庆祝活动，邀请访问学者们参加。中心派人专门从中餐馆买来了各种馅料的饺子，慰藉中国学子们的思乡之情。一位来自中国的研究生用精心准备的幻灯片，为大家讲解中国过年的各种习俗，以及中国人的十二生肖，“老外”们听得也是津津有味，还掐着手指头计算自己的出生年份属于哪一个生肖。此外，艾什中心还有几位来自中国的员工，包括中国项目的副主任马老师（laura Ma）、研究助理赵娟老师和行政助理赵雁寒女士等，他们对来自祖国的访问学者都非常热情，提供了许多热心的帮助，令人颇感温暖。

能有这样的友好气氛，首先应该感谢中心的主任安东尼·赛奇教授（Anthony Saich）。第一次见到他是在中心的楼道里，他用很流利的中文说了句：“怎么样?”笔者先是一愣，然后才反应过来，答曰“很好”。后来才知道，赛奇教授早在1976年就到过中国（那一年笔者刚刚出生），那时还是伦敦大学的一名硕士生。后来又在北京生活、学习过，而且第一任夫人就是中国人，难怪他的中文讲得这么好。

赛奇是美国非常有名的中国问题专家，地道的“中国通”，在国际上影响力很大。他的研究领域主要是中国政治和社会治理问题，笔者对这个领域没有研究，但是从各方面了解到的信息表明，他是这方面学术上的领军人物之一。虽然没有上过他的课，但听他在一次讲座上做过对“中国梦”的阐释，真是旁征博引、洞悉时局，在座的一众“老外”听得十分入神，频频点头。显然，由于“中文”这道墙的存在，很多美国学者需要通过赛奇与时俱进的跟踪研究来了解中国日新月异的变迁。

除了学术贡献，赛奇教授对培训中国官员和访问学者更是功不可没。他是哈佛大学中国高级官员培训班（即著名的“哈佛班”）的主要负责人，在上世纪90年代担任福特基金会驻华首席代表期间一手促成了这个项目，培训了大量来自中国的司局级以上高级官员。艾什中心的中国访问学者也很多，有的来自大学等学术机构，也有的来自政府部门和智库。以至于哈佛其他学院的学生学者对此产生了一些不满，质疑艾什中心的访问学者研究质量不高，甚至英语还不过关。这种质疑不是完全没有道理，的确有些学者主要是捐赠方企业推荐的，英语和研究能力都不强，包括笔者的英语也不够流利。不过，来这里访学的每个人自身都非常有收获，提升了研究能力、开拓了国际视野，这真要感谢赛奇教授的支持。顺便提一句，房地产“大亨”潘石屹夫妇也于 2016 年下半年来艾什中心做访问学者。

艾什中心的另一位“中国通”是赛奇的“亲密战友”，中国项目主任康义德（Edward Cunningham）博士。康义德是一位有一半意大利血统的美国小伙，还不到 40 岁，一米九左右的大高个，非常帅气，用中国俗语形容就是一位“钻石王老五”。他能熟练掌握英、中、意三门语言，先后在哈佛大学和麻省理工学院获得硕士、博士学位，研究领域主要集中在能源市场和能源治理。他曾经作为富布莱特学者到中国的清华大学做访问研究，在那期间练就了一口流利的中文。虽然在研究领域上没有太多交集，但是他待人非常热情又很会聊天，很快和笔者等一些中国学者成为了朋友。

这两位“领导”对来自国务院发展研究中心的学者非常关照，除了提供办公室，还专门请我和同事一起吃饭，询问我们工作和学习的情况，有没有什么困难，等等。席间向赛奇教授请教了关于中国未来发展的一些问题，他认真分析了摆在中国面前的几条不同道路，分享了自己多年累积的经验和真知灼见，总体结论是对中国未来发展保持乐观。这在当时美国“唱衰中国”的大气候下是非常难能可贵的。其实可以看出，像傅高义、赛奇这样真正了解中国的学者，一般都对中国的发展抱有信心，“唱衰中国”者除了一知半解、只会看统计数字的人士，就是某些别有用心或者因其特殊经历而不能客观看待祖国的美籍华人（如裴敏欣之流）。

在我们汇报研究成果时，赛奇和康义德不仅亲自到场参加讨论，而且还请来了两位中国经济专家珀金斯教授和库珀教授，以及在哈佛大学做访问学者的兰德公司亚太政策研究中心前主任欧威廉先生（William Overholt）等权威学者一起进行研讨。大家对中国经济以及创新相关的一些问题进行了开诚布公的争论，使笔者受益匪浅。会后，欧威廉先生专门发邮件索要了笔者的幻灯片文件，并肯定了这次研讨的价值和意义。

在离别前的春季学期访问学者结业餐会上，赛奇和康义德亲手为中国项目的学者们颁发了艾什中心精心制作的访问学者证明，康义德还主动送出一个表达友谊的拥抱。这是一段令人难忘的访学时光，艾什中心也是一个非常友好的合作交流机构。

将要离开的时候，竟有些不舍。

创新笔谈

创新的荣光与创新经济学的尴尬

笔者初到哈佛访学，正值春季学期的选课日（shopping day）。作为一名从事创新领域经济政策的研究者，最想学习的课程就是创新经济学。比较令人失望的是，看遍了各个学院的课程表，都没有找到这样一门课程。

与创新相关的课程主要分布在商学院和肯尼迪公共管理学院，前者主要是教授学生如何在创业和公司管理过程中应用技术成果、获得竞争力；后者则主要关注技术在公共管理中的应用以及技术进步对公共政策的冲击。尽管创新一直被认为是个经济概念，但是对于创新如何作用于经济运行和发展过程，看起来还没有形成一个公认的框架。我们都知道创新经济学的鼻祖熊彼特曾执教于此长达 18 年（1932–1950）的时间，并终老于哈佛。

放眼世界，如今几乎没有一个国家或经济体不重视创新，创新对经济增长的强大支撑已经成为全球共识。美国人将创新能力作为自己国家的标志，德国引以为豪的是强大的制造业创新能力，日本、韩国在支持创新方面都投入巨大。

在我国，邓小平同志在改革开放之初就提出了“科学技术是第一生产力”的重要论断，后来又相继提出了“科教兴国”、自主创新、创新驱动发展等一系列与时俱进的发展战略，在“十三五”规划建议中更是将“创新发展”列为五大发展理念之首。一言以蔽之，“创新”二字在当今世界经济中是何等荣光？

然而，当我们翻开任意一本经济学的经典教材，都会发现创新在经济学的大厦中处于绝对的非主流位置：微观经济学几乎通篇不会提到创新，仿佛市场机制与创新活动完全不相关；宏观经济学的两大部分中，短期波动部分与创新无关，长期增长部分会涉及创新对增长的作用，但是其处理方式是将创新活动看作一个“黑匣子”，用劳动和资本所不能解释的其余部分，即全要素增长率（TFP）来替代并处理。

在新增长理论中，阿罗、罗默等一批经济学家试图对创新进行进一步的解释，但是始终未能建立令人信服的微观理论基础。后来者阿吉翁和霍伊特等经济学家才逐步尝试将熊彼特的思想纳入经济增长过程的分析，做出了卓有成效的工作，使我们窥到了创新带来的“非均衡”的增长过程，但是仍不足以在经济学中确立创新应有的位置。

为什么经济现实和经济理论在创新问题上表现得如此分裂？这是一个值得思考的问题。在笔者看来，并不是关于创新的经济学不重要，而是因为创新的机理与主流经济学的基本框架存在根本上的差异。自从19世纪70年代“边际革命”以来，经济学已经建立了一套基于力学原理的分析框架，或者说参照系。在这个框架中，均衡是一个核心概念：在技术水平不变、产品同质化的假定下，价格作为一个信号，引导着供需双方两个作用相反的力量达到一个稳定的均衡，这个稳定的均衡状态就是一个资源配置达到了最优的状态，在一般均衡的情况下集体意味着整体社会福利的最大化。

对于企业而言，唯一的竞争方式就是价格，而不是对产品和服务的创新。这个均衡状态还意味着企业，乃至整个经济体已经达到了自己生产可能性的边界，实现了潜在的产出水平。然而，这一理论与现实经济中的创新活动相距甚远：资本主义的增长是来自于实现了资源的最优配置吗？或许部分是的，但我们其实看到的更多是蒸汽机、电力、信息技术等一系列工业革命带来的经济增长效应。每一次工业革命，或者说是重大创新，其核心绝不是走向一个均衡，而恰恰是打破一种均衡，用机器革命打破手工制造的均衡，用新一代机器或动力打破上一代机器应用的均衡。尽管这是一个中长期的过程，却是经济增长的根本动力所在。正如第一代索洛模型所指出的，如果增长过程是古典式的均衡增长，那么各国的人均收入将收敛到同一水平，只是个时间问题，只要采取了市场机制，最终就不会有穷国富国之分。但事实显然并不是这样的，一代又一代新技术带来的“非均衡”增长路径或许才是市场经济的本质。

一些主流经济学家其实已经看到了这一点，而且有的经济学家曾经尝试利用传统的经济学框架来解释并纳入关于创新活动的分析。在多个经济学领域均有建树的鲍莫尔教授曾经写过一本书——《资本主义的增长奇迹——自由市场创新机器》，在这方面做出了很多努力。他看到了市场机制促进增长的本质不在于达到资源配置的均衡，而在于激发持续性的创新活动，但是在试图将创新融入主流经济学分析框架时却遇到了较多困难。

还有一些富有远见的经济学家很早就发现了创新与传统经济学框架不相融的问题，并向另外一条路径进行了持续的探索，这就是已经发展多年的演化经济学。代表人物纳尔逊和温特在 1977 年写就的论文《寻找实用的创新理论》中，就已经提出了演化经济学的初始思想。演化经济学的基本参照系与基于物理学的传统经济学框架有着根本区别，它移植了达尔文的进化论思想——遗传、变异和选择——来解释创新活动：最常见的改进性创新会延续之前的技术路线推进，但是在这个过程中可能会出现完全不同路线和思想的“变异”性技术，而一旦这一新技术比之前的技术路线能带来更多的商业价值，它就会被市场机制“选择”成为未来的主流技术，从而延续上述过程。演化经济学经过多年的发展，已经卓有成就，但是由于其本身就是一种对传统经济学的“创造性破坏”，而不是简单的改良，因此被主流经济学界接纳恐怕尚需时日。我们当然期待着有一个像萨缪尔森那样的经济学大家来对传统经济学和演化经济学进行一个“新综合”，或者提出一个更新的分析框架来兼容二者的思想精华。但是很显然，这并不容易。

（本文发表于《中国经济时报》，2016 年 2 月 16 日）

美国政府里的经济智囊

春季学期旁听的几门课程中，有两门课的老师曾经在美国政府中担任过比较重要的角色。一位是讲授《美国经济政策》的马丁·费尔德斯坦，另一位是讲授《经济学原理》的格里高利·曼昆。这两位教授都曾经担任过白宫经济顾问委员会（CEA）的主席。到2006年，该委员会已经整整走过了70年的历程。在由CEA负责起草的本年度《总统经济报告》中，专门有一章用来讲述这个委员会的历史发展过程，曾经担任过CEA主席的一些著名经济学家为此专门写了回忆性感言，其中也包括费尔德斯坦和曼昆。

CEA诞生于1946年杜鲁门总统执政期间，其创立的法律依据是当时出台的《1946年就业法》。当时的美国刚刚经历过一场大萧条和二次世界大战，经济问题的重要性和政府管理经济的必要性得到了社会各界的认同，于是CEA应运而生。其职能主要是四部分：一是研究和评估经济政策以供总统和政府部门参考；二是协助推动总统确定经济事务及活动日程；三是分析、解释美国经济的发展情况和主要趋势，为总统提供正确的信息；四是密切联系经济学界，进行合作交流。CEA不是一般意义上的美国智库，更准确的定位应该是政府的经济智囊。

就主要职能来看，CEA 和我国国务院发展研究中心的角色有许多类似之处。不过在组织和运行机制上，两者还是有很多不同之处。CEA 的内部雇员比较少，一般就在 30 人左右，除了为首的几位经济学家，还有一些从事数据分析和研究报告写作的人员。包括主席在内的经济学家们很多都来自大学或研究机构，他们的专业素养一般是源自于大学期间的学习研究经历，任期结束后还会返回原来的机构继续研究和教学工作。当然，正如一些曾担任 CEA 重要职务的经济学家所言，经济学家在进入 CEA 时还是需要花一些时间和精力来适应如何进行经济政策的研究，毕竟这与纯学术研究有许多不同之处，要考虑很多政治和政府体系运行机制的因素。

从曾担任过 CEA 主席的几位经济学家的回忆和评价文字中，可以窥见 CEA 的几个主要特色，或者说是其机构文化。

一是公共利益目的和客观性。美国的很多著名智库都是有其政治倾向的，比如美国传统基金会就比较倾向于保守的右派立场，而且他们也从来不否认这一点。但是，作为政府智囊，CEA 则明确其代表的是公共利益。正如在 1995—1997 年担任主席的斯蒂格利茨所言："许多政府部门都会有自己的'特殊利益'，但是 CEA 代表的是国家利益。"在他任期内，曾经阻止了美国铀浓缩公司（USEC）的私有化，推动发行了通货膨胀保值债券（TIPS），将收入不平等、气候变化等问题提上政府议程。

二是人员的多样性。尽管机构要代表国家利益，但是雇员却来自于不同的党派，或者持有不同的政治倾向。据马丁·费尔德斯坦回忆，在他担任 CEA 主席期间，尽管他常常很难说服在经济问题上极有主见的里根总统，但是却招纳了很多专业素养较高、政治立场不同的年轻经济学家，其中就有劳伦斯·萨默斯和曼昆，而后者常被认为是一名新凯恩斯主义经济学家。当时的白宫对此非常惊讶，但是也没有反对马丁此举。

三是政策研究的前瞻性。曼昆在回忆感言中指出，在他担任 CEA 主席期间（2003—2005 年），他已经发现像房利美、房地美这样的政府赞助企业（GSEs）存在很多问题，这两家背后有隐形政府担保的企业，其债券掌握在其他一些金融机构手中，一旦它们出现问题将可能引发系统性金融风险。这说明 CEA 的研究有一定的前瞻性。遗憾的是，政府部门并没有把他们的建议当回事，后来发生了众所周知的大规模金融危机。曼昆并不认为改革了这两家企业就可以避免金融危机，但是他认为可能会减少危机的程度和危害性。

四是方法的规范性和科学性。克里斯蒂娜·罗默在担任 CEA 主席期间（2008—2010 年）最主要的工作就是应对金融危机，提出并推动实施财政刺激政策。以共和党为多数的国会起初并不同意大规模刺激方案，罗默带领 CEA 的经济学家们对不同规模刺激方案可能产生的政策效果进行了严格的实证分析和量化预测，最终在一定程度上说服了国会，通过了《2009 年美国复苏和再投资法案》。为此，奥巴马总统还把签署该法案的一支笔送给了 CEA 作为纪念。

在现在的美国政府中，除了 CEA，其他两个与制定经济政策相关的机构分别是国家经济委员会（NEC）和管理与预算办公室（OMB）。其职能与 CEA 有区别。OMB 主要是负责政府预算的编制、分配和管理工作。NEC 成立于 1993 年克林顿总统任期内，主要任务是协调不同政府部门来共同制定经济政策，而这一项职能其实曾经是由 CEA 来执行的。所以，在 NEC 成立之后，它和 CEA 也出现了某些职能的冲突，使 CEA 在政府经济政策制定过程中的影响力和地位受到了一定的影响。某些媒体甚至还从办公室位置的不同上来评判二者的影响力，因为 NEC 的办公室位于白宫的西侧办公楼（West Wing），那里是总统核心团队所在地，而 CEA 则是在老的行政大楼（OEOB），位置离决策层稍远一步。不过，有了 NEC 之后，CEA 就不用再费很大精力与政府官员和国会议员们去协调具体事物，可以更专注于经济政策的研究、咨询和评估，这对 CEA 的经济学家们未尝不是一件好事。

顺便提一句，和 CEA 前主席马丁 · 费尔德斯坦一起讲授《美国经济政策》课程的教授中就有曾经担任 NEC 主席的劳伦斯·萨默斯，还有曾经担任 OMB 执行副主任和首席经济学家的杰弗里·利布曼（Jeffrey Liebman），看起来他们几位的关系还不错。

（本文发表于《中国经济时报》，2016 年 3 月 3 日）

在创新之路上另辟蹊径

波士顿是美国创新创业最活跃的地区之一，仅次于西海岸的硅谷。与哈佛相距不远的麻省理工学院是著名的高技术创业中心，无论是在教授还是学生中，都有很多满怀热情的创业者。哈佛的学生尽管不像麻省理工那样热衷于高技术创业，但是也有许多积极分子。

笔者接触过一位正在创业的博士生，他打算和南加州大学的朋友一起创办一家从事 3D 打印新业务的公司，试图把学校的专利商业化。与国内如火如荼的“大众创业、万众创新”相比，这里的创业者似乎拥有更多的专利，创业的技术含量更高一些，这和笔者 2015 年访问以色列时的印象差不多。

这不禁让笔者想起国内这两年关于创新创业的一个重要争论：是应该更注重沿着德国、日本这样专利质量高、技术水平先进的制造业强国之路前进，还是应该更鼓励互联网应用带来的被许多人士诟病为“充斥假冒伪劣、偷税漏税和不公平竞争”的商业模式创新？关于这个问题的争论充斥在媒体、微博和微信的朋友圈里，甚至也对政策的制定产生了某些影响，很值得拿出来讨论一下。

“微笑曲线”是讨论这个问题的一个很好的参照系。尽管有些专家对该曲线提出过质疑，但其实更多的是一种误解。因为“微笑曲线”只是对发展中国家制造业在特定发展阶段的一种状态的刻画，而不是一个恒定的理论，它本来就不是由经济学家提出来的，是企业家总结出来的经验性描述。不过，“微笑曲线”对讨论后发国家提高创新能力还是很有参照价值的。

在“微笑曲线”上，处于价值链高端的是两个“嘴角”：一边是研发端，另一边是用户营销端。在我国创新发展的多年历程当中，其实更多强调的是研发一端，通过购买设备进行技术改造、引进技术并消化吸收、提高研究开发投入等方式，不断提高制造业的技术水平和产品质量，取得了显著的成效，但始终存在与发达国家的较大技术差距。在笔者看来，互联网应用驱动的商业模式创新恰恰是我国企业向微笑曲线另一端，即用户端攀升的重要进展，而且一些代表性企业在竞争中成功击败了许多跨国企业，成为我国创新型企业队伍中的一支重要力量。

从创新经济学鼻祖——熊彼特的角度来看，这两条创新道路在本质上是平等的，不应厚此薄彼。创新的本质不在于科技含量，只要能带来商业价值，开发一种新技术和开辟一个新市场都是创新，都值得重视和鼓励。而且，从我国当前的发展阶段来看，似乎用户端创新比研发端创新更具有比较优势，也就是说，在创新之路上另辟蹊径，走一条带有中国特色的创新之路是有可能的。其理由可以从两方面来观察。

一方面是我国在用户端创新的优势。首先，在互联网技术的作用下，用户端蕴含的潜在价值不可估量，是一片超大的“蓝海”。互联网界有一个著名的梅特卡夫定律（Metcalfe’s Law），主要内容是说网络价值以用户数量的平方的速度增长。如果一个网络中每个用户的价值是1元，那么规模为10倍的网络的总价值等于100元；规模为100倍的网络的总价值就等于10000元。网络用户规模增长10倍，其价值就增长100倍。这就意味着，当中国人均收入达到美国人均收入六分之一的水平时，近7亿中国网民所蕴含的潜在商业价值就和2.8亿美国网民一样多了。何况我国的人均收入增长速度和网民增长速度都远远快于美国。另一个佐证是，世界排名前15的互联网企业基本都产生在人口大国。其次，在对本地用户的需求的探知和了解方面，本土的企业往往更具有优势。举个例子，亚马逊是美国网络零售的龙头企业，但是在中国的竞争力明显不如阿里巴巴和京东。第三，我国传统商业发展不及发达国家，给了互联网企业更多的发展机遇。第四，非常重要的一点在于，互联网企业天然的大数据采集优势，对挖掘用户的商业价值非常值得期待。经济学有一个概念叫做“消费者剩余”：我们可能愿意花5元购买一支牙刷，但超市里只卖2元，那么我们就获得了3元的消费者剩余。试想，如果我们的需求能够被大数据完全探知，那么企业就能够生产一支适合用户牙健康状况、颜色偏好、手形把握甚至带有个人姓名的牙刷，来挣到3元的消费者剩余。当然，前提是生产流程也要进行相应的柔性化改造。

另一方面的原因是，随着我国技术水平的不断提高，继续向发达国家引进吸收先进技术的空间正在不断缩小。而且，发达国家在许多领域已经构筑了非常强大的专利壁垒，对后发国家继续向研发端攀升形成了诸多障碍，像华为公司那样冲出一条“血路”并不容易。这一条创新道路当然也要走，只是成本会越来越高，需要我们不断地提高在基础研究方面的投入，持续进行研究积累，更多地致力于原始创新。

笔者相信，这两条创新道路的分歧应该只是暂时性、阶段性的，最终会得到比较好的结合，而且有可能相互促进。如果没有新技术的应用，用户端的创新就不可能发生；反之，用户端的创新会不断地累积技术能力、提高技术水平。阿里巴巴等企业在发展网络交易的过程中，已经积累了非常强大的云计算和大数据处理能力，而且已经开始和处于科技前沿的量子通信合作开发安全服务。

最后想要强调的是，商业模式创业会比高技术创业风险更大，更难得到风险资本的支持。道理很简单，当有一大堆技术专利作为显性指标时，投资者更容易判定创业成功的可能性；而对于没有显性指标的商业模式创新者，就只能鉴别创业者的商业能力了，难度无疑更大。像马云这样好的口才，当年也是不断地被投资者拒绝，直到遇到软银的孙正义，以及那传奇的“6 分钟”。

在中国今天浩浩荡荡的互联网创业大军中，一定有许多千里马，但是，伯乐并不常有。

（本文发表于《中国经济时报》，2016 年 3 月 28 日）

旁观美国经济的问题和前景

哈佛大学经济系和肯尼迪学院的很多教授都有在联邦政府工作的经历，不仅学术水平比较高，而且分析实际问题也显得举重若轻、条理分明。他们在讲课时总是会提及美国经济面临的一些问题。比如曼昆，在他看来美国最大的长期问题在于储蓄太少，而这也是全球经济失衡、爆发金融危机的主要原因之一。尽管危机后情况有所好转，贸易逆差有所降低、居民储蓄率回升，但不足以扭转大趋势。费尔德斯坦和利普曼等教授则从政府债务角度表示了担心，因为美国联邦政府的债务自 21 世纪以来一直处于不断上升状态。2008 年金融危机的发生引致了政府的大规模财政刺激计划，即《美国复苏和再投资法案》，结果使政府债务急剧增加。金融危之前的 2005 年，联邦政府债务占 GDP 的比例为 35.6%，而 2015 年已经达到 73.6%。

不仅如此，从联邦政府支出结构来看，除了历史债务利息支出，刚性（mandatory）支出的比例不断上升，而灵活可调（discretionary）的支出比例则不断下降，二者的比例已经接近 2 ： 1。这一方面意味着美国通过政府支出调控经济周期的能力在下降，另一方面也意味着未来减少政府债务的空间会越来越小。刚性支出主要是养老社会保障、医疗保障等费用，根据国会预算办公室的预测，这一支出的数量和比重未来还将持续增加，趋势很难逆转。如果长此以往，就有可能染上“欧洲病”。

其实，债务增加、储蓄率低、贸易逆差等问题，都是根源于美国人自己生产的相对较少，而消费的相对较多。从宏观角度来看，对于一个封闭的经济体，在技术水平不变和储蓄都能转化为投资的假定下，长期消费和储蓄（投资）的比例会存在一个被称为“黄金律”的最佳状态，同时这也决定了经济会保持等于潜在增长率的增长速度。但是如果考虑一个全球化的开放体系，那么就有可能有些国家消费多一些、储蓄少一些；而必然会有另外一些国家储蓄多一些而消费少一些。各国的比例主要决定于各自的比较优势，而结果则会表现为贸易与资本的顺差和逆差，也会表现为彼此增长速度的差异。

近 30 年来，美国工商业贷款与消费贷款的比例一直不断下降。发达的金融体系使消费者可以以很高的杠杆率来放大自己的消费能力，尤其是通过将未来的收入和可能财富变现，来放大当前的消费能力。同时，拥有作为国际货币的美元发行权，则可以帮助美国全球举债，维持本国在生产能力小于消费能力，即持续逆差的情况下依然保持目前的消费水平。说明白一点，这就是在一定程度上透支未来、透支他国。

但是，如果生产能力出现了根本问题，金融体系终究不能永远支撑美国长期保持这样的经济结构并持续增长。2008年金融危机期间，在费尔德斯坦教授看来，美国采取了“非常规”（unconventional）的货币政策，其目的不是像以往一样稳定通胀率或刺激投资，而是稳定房地产等资产价格，从而使美国人仍然可以继续依靠“财富效应”来支撑消费水平。虽然我们可以认为美国已经成功解决了上一次金融危机，但是它并没有从根本上解决内在的结构性失衡问题，还因为财政刺激力度的加大而不可避免地加重了政府的债务负担。金融市场不同于存在负反馈机制、可以通过供需自动调节的商品市场，它具有典型的正反馈特征，容易大起大落、引发周期性危机。对于缺乏足够生产能力为基础支撑的金融体系，发生周期性危机的概率一定会比较大。

正如曼昆所言，美国经济面临的问题和根本原因不在于中国。不仅如此，美国在全球化的过程中享受了来自发展中国家的大量低廉商品，增加了总体福利。问题在于这些商品虽然廉价，但不是免费的，需要美国人通过自己的优势产品和服务来换取，而不能仅靠发行美元来获得。

美国生产许多工业产品，尤其是日常的技术含量不高的产品，已经完全没有比较优势了。笔者所在的肯尼迪学院最近在盖一座大楼，其进展之慢在一个中国学者看来简直令人发指，而且建筑工人数量非常之少。即使没有中国的崛起，也会有其他国家利用劳动力的比较优势来生产美国不具比较优势的产品。但是，许多不明真相的美国大众则确实将抱怨和怒火毫无道理地撒到了其他国家身上，在西方式的民主制度下，就会在政治上表现为贸易保护主义。目前在美国颇为吸引眼球的共和党总统候选人特朗普，之所以被一些美国人追捧，就是因为他总是将美国的经济社会问题归因于中国、日本、墨西哥等国家，却无视美国固有的经济内在矛盾，也提不出什么像样的解决办法。

尽管如此，从未来前景来看，美国仍然具备几个关键优势。首先，美国的创新能力仍然强大，不仅科技水平和创业环境在当今世界首屈一指，而且不断地吸引大量的国外创新人才。如今美国的自然科学和工程博士学位中，有 60% 左右授给了非美国本土出生的学生，而这些博士中又有很多人选择留在美国。其次，尽管会面临来自中国等国家货币国际化的挑战，美国仍可以在一定时期内保持庞大的金融体系和国际货币发行国地位，并支撑现行的经济结构和体系继续运行。而且，相对于欧洲某些国家高达 GDP 1.5 倍之多的政府债务，美国政府债务还有一定的上升空间，像金融危机这样的大波动应该还能应付数次。另外，美国本土物质资源和能源比较丰富，还有较大的发展潜力。

因此，既要看到美国的经济结构有非常严重，甚至不可逆转的沉疴，也不能轻率地断言美国已经开始衰落。如果金融危机之后美国在创新方面的投入能够“幸运地”（因为创新既有内生性，又有偶然性）催生新一波通用目的技术，就像克林顿执政时期带来美国高速增长和政府盈余的信息技术一样，那么美国称霸全球经济的时代也许还将延续相当一段时间。

（本文发表于《中国经济时报》，2016 年 4 月 14 日）

哈佛转型：走出象牙塔拥抱创新创业

笔者来波士顿时间不长，但是已经初步感受到了哈佛大学和麻省理工学院（MIT）在创新创业方面的理念和精神差异。

哈佛的理念集中体现在校徽上，就是追求真理；而MIT则更加注重实践，强调理论和实践的知行合一，甚至被网友戏称为“宇宙第一技校”。因此，一直以来，如果从学校的技术转移和成果商业化绩效来看，哈佛是大大落后于MIT的。在本世纪初的时候，有一项研究曾经对美国大学的技术转移绩效做过评价和排名，斯坦福大学和MIT名列前茅，而哈佛仅排到第18名，落后于一些研究能力远远不及哈佛的高校。

但是，从另一方面来看，哈佛又是最能“制造”富豪的美国高校之一。2013年，由欧洲《Spear's》杂志和全球财富研究机构“财富观察”共同推出了一份“百万富翁生产工厂”全球大学排名榜，其中名列前两名的是哈佛大学和哈佛大学商学院。全球首富比尔·盖茨就曾经是哈佛大学的学生，他的微软王国已经统治了计算机操作系统领域多年，创造了巨大的财富。另一个创业天才是扎克伯格，他的“脸书”（Facebook）已经成为美国人日常所不可或缺的社交平台。这两位创富明星有一个共同点：都没有拿到毕业证就辍学了。

这个现象其实也折射出哈佛在鼓励技术转移和创新创业方面的一个窘境：尽管从这里走出了一些创业明星，但是那更多属于个人行为，而不是源自哈佛的理念和学校的大力推动。当然，这也可以理解为一所历史悠久的高校不屑于过多地涉及商业化。而且，哈佛的一大重要经济来源是捐赠，每年获得的捐赠收入大幅超过了技术转移收入，这一优势在某种程度上也保证了哈佛的教授们可以专心从事追求真理的科学研究。

不过，这一情况自本世纪初以来已经发生了一些趋势性的转变。这与美国经济增长速度开始趋缓、贸易逆差增长迅速的大背景有很大的关系，因为美国需要发挥自身的科研优势，培育更多的增长动力。2001 年，刚刚卸任美国财政部部长的劳伦斯·萨默斯担任了哈佛大学第 27 任校长。在他任职的几年中，来自政府的研究资助由于各种原因增长缓慢，这使他决定推动哈佛的技术转移和成果商业化工作。2005 年，在他的提议下，哈佛大学在原来医学院和艺术科学学院两个院级技术许可中心的基础上，合并扩充后组建了哈佛大学技术开发办公室（OTD），并请来了之前在以色列特拉维夫大学主管技术转移转化机构的艾萨克·柯尔伯格（Isaac Kohlberg）来担任 OTD 的主任，还任命他为学校的副教务长。为了弥合科学与商业化之间的工程技术鸿沟，哈佛又于2007年创建了工程与应用科学学院，努力扩展计算机科学和工程类学科教育，为创新创业打造学科基础。

到目前为止，柯尔伯格已经在哈佛OTD任职十余年，做了很多卓有成效的工作，逐渐搭建起科学基础研究和成果商业化之间的一座桥梁，使哈佛的教授们可以在安心追求真理的同时，还可以将自己的成果进行商业化，并且获得不菲的收益。而且，学校和学院也在技术商业化的过程中获得了可观的收入。在柯尔伯格的领导下，OTD先后建立了生命科学和物理科学两个加速器（Accelerator）项目，在这两个重点领域推动研究成果的商业化。

哈佛的教授和学生们如果认为自己的某一项研究成果具备商业价值，他们可以在OTD的网页上直接提交自己的想法。OTD会有专业人员来审阅这些初步的想法，并对其是否具有商业化潜力进行鉴定，认为有希望的项目再交给加速器顾问委员会，由他们会同来自企业界和风险投资界的专业人士一起进行项目评估，最终筛选出一批项目。这些项目中，既有专利特许交易项目，也有适合创业的项目，还有一些是适合由企业出资来继续支持研究开发的合同项目。多年来，OTD先后接到来自哈佛教师和学生的近3000个创意，成功帮助他们获得了540多项美国专利，产生了80多家创业公司，促成了300多项专利交易，并且获得了来自企业2.53亿美元的研究资助。

在 OTD 的推动下，哈佛大学还决定在商学院南侧的奥斯顿地区建立一个类似于大学科技园和孵化器的新园区。最先建成的是 2011 年正式开放的哈佛创新实验室（ilab），其主要使命是激励学生创新创业。ilab 提出了“一个哈佛”（One Harvard）的理念：号召哈佛的创新创业活动从“各自为战”向“合作创新”转变，提倡不同学院之间发挥各自的特长来进行合作，并广泛利用哈佛校友的资金和经验优势，共同打造创新企业。在技术研究方面，ilab 也更加强调不同学科之间的融合和交叉，以实现满足人类需求的新产品组合。为了获得亲身感受，笔者专门探访了 ilab。在一层的大厅里，创业企业的名字和标识挂在一进门左侧的墙上，大厅里各个柱子上写满了来自创业者的豪言壮语和奇思妙想，创业的学生们在散布在不同位置的桌椅上或沉思或讨论，开放使用的各个小会议室里都在激发创业的灵感。大厅中间的背板上贴着 2016 年校长和院长 30 万美元创业奖金获得者的照片，还有几个空白处等着新的申请者去填补。另有一面墙专门用来张贴广告，都是创业者寻求投资人、共同创始人、首席技术官等合作伙伴的信息。说不定若干年后这里就会产生另一位盖茨或者小扎。

由于 ilab 空间不大，容纳不下太多创业企业，2014 年哈佛商学院又在 ilab 一路之隔的对面建立了一个哈佛启动实验室（Launch Lab），为学生创业提供初始的办公和交流场所。这里每张办公桌每月的租金只需要300美金，在寸土寸金的波士顿属于非常便宜的价格，但是申请人要经过专业人士的严格筛选，真正有商业前景的高质量创业项目才能进入这个实验室。

旁边还将再建一座生命科学实验室（Life Lab），专门招纳生命科学领域的创业企业。2016年3月，现任女校长德鲁·福斯特宣布任命具备30多年房地产开发经验的史蒂文·费斯勒为学校房地产部门负责人，并负责在奥斯陆园区建设一个"研究校区"（Research Campus），作为实现产学研结合和创新创业的中心地带。

既要有一流的科学研究，也要有一流的成果转化，这是哈佛大学近十年来不断推动创新创业的目标，其实也是美国经济在未来能否继续引领全球的希望所在。虽然对一所拥有三百多年追求真理历程的大学来说，这一转型并不那么容易。但我们相信，哈佛的不懈努力必将会产出丰硕的果实。

（本文发表于《中国经济时报》，2016年5月9日）

创新双城记：不一样的波士顿和硅谷

前些时候，哈佛大学学生学者联合会举办了一次青年峰会，笔者在这次活动上认识了一位正在创业的青年才俊，他是麻省理工学院（MIT）毕业的博士，刚刚创办了一家机器人公司。目前这个公司只有4个人，但是看起来很有活力和发展前景。不过，这位创业者正准备将公司迁至美国西海岸的硅谷。这不禁让笔者想起当年在波士顿创业的扎克伯格，他也是在创业一段时间之后将脸书（Facebook）的总部搬到了硅谷附近。创业者的"用脚投票"，其实也引起了相关政府部门和学者的反思，作为美国创新创业"双子星"的波士顿和硅谷，这两个区域的差距究竟在哪里？

最早研究这个问题的学者是现在担任加州大学伯克利分校信息学院院长的安娜丽·萨克森宁，她于上世纪90年代所著的《地区优势——硅谷和128公路地区的文化与竞争》中，专门比较了两地的发展历史和优劣势。当时正值硅谷的发展势头逐渐超越128公路地区之时，包括华人创办的王安电脑公司在内的许多波士顿大公司逐渐走向衰败，而硅谷则成功地发展成为世界的创新创业"理想国"。

如今，距离那段历史时期又过去了20多年，波士顿已经逐渐显现出复苏的势头，重新成为美国创新创业最活跃的区域之一。尤其是在生命科学领域，波士顿地区已经取得了全面的领先优势。这里聚集了美国乃至全球最好的医学研究力量和医疗机构，包括哈佛大学医学院、塔夫茨（Tufts）大学医学院、波士顿大学医疗和牙科学院、新英格兰医学中心等高校，以及马萨诸塞州总医院、贝斯以色列女执事医疗中心、不莱根妇女医院、波士顿儿童医院等顶尖医院。位于波士顿市区西南方向的长木（Longwood）医疗产业区，虽然面积还不到1平方公里，但是已经发展成为世界著名的健康、医疗教育和医学研究中心。

不过，如果更全面地比较两地，还是会发现硅谷有许多领先于波士顿之处，尤其是在风头正劲的信息技术（IT）领域。根据MIT的产业竞争力研究中心（IPC）的研究成果，1990－2013年，大硅谷区域（包括旧金山和圣胡斯）的每百万人口IT创业公司数量差不多是波士顿地区的2.5倍之多。而且，许多创业企业一旦成长之后，就会从波士顿迁往硅谷地区。因此，波士顿和硅谷的差距不仅在创业（start-up）环境，更多的还在于对企业规模化（Scale-up）的支撑不足。

笔者曾经拜访了哈佛和MIT的一些学者，并向他们请教了这一问题。在他们看来，波士顿和硅谷的确有着不同的文化传承（legacy）。波士顿是美国历史上的“革命圣地”，全市有1000多家教堂，总体来说文化比较传统，老派精英人士比较多。波士顿的公司有垂直一体化的传统，往往比较独立，相互交流不多。而且大公司与小企业之间联系比较少，初创企业和中小企业之间联系也比较少，没有形成像硅谷一样活跃的社会创新网络。波士顿企业更多的是从事企业与企业之间（B2B）的生意，不擅长开展像在硅谷地区如火如荼的面向消费者（B2C）的业务。在波士顿地区，充满活力的创业者一般不会成为媒体追捧的明星，只有大企业家、大政治家才会获得更多关注，成为所谓的榜样，而硅谷地区则有许多创业不久的年轻人就会成为争相模仿和崇拜的对象。

从风险投资的角度来看，波士顿的人均风险资本量其实并不比硅谷少，至少在同一等级。但是波士顿的风险资本家要比硅谷的风险投资人更加务实、谨慎，更重视知识产权拥有量的多少，即所谓创业质量。同时他们也更重视短中期的收益可能性，不喜欢对一些还看不清发展前景的技术概念进行长期投资。相比之下，硅谷的风险投资者就没有波士顿那么现实，但是他们更有远见，更愿意为未来发展趋势投资，甘冒失败的风险去“放长线钓大鱼”。因此，对于创业者来说，在硅谷获得投资家的支持要更容易一些。

再有就是人才供给和制度方面的原因。加州对移民一直采取开放的态度，甚至会为一些非法移民办理本地的“身份证”，允许他们在本地就业。因此，硅谷的人才种类比波士顿更加丰富，而且 50% 左右的初创企业是移民创立的。举个例子，硅谷地区的从业人群中，有两万多名斯坦福大学的毕业生，同时还有从中国来的一万名左右的清华大学毕业生。尤其是当创业企业规模扩大后，硅谷的人才供给就成为了波士顿不能比拟的竞争优势。法律制度上的差别是学者关注的另一个焦点，马萨诸塞州目前仍然保留着禁止竞争（not to compete）的法律条款，不允许从一个企业辞职的员工在一定时期内到竞争对手企业就业，这就降低了就业市场的流动性和活力。

这种外部环境的差异甚至也影响了大学之间的发展和竞争。尽管哈佛大学在创业上属于后知后觉者，但是 MIT 其实和斯坦福大学一样有着创业的传统。这两所学校内部的创新创业活跃度其实差别并不大，但是外部的支撑环境差异则比较大。当然仔细观察还是有一些细微差别：MIT 的文化比斯坦福更重视教学，一周当中教授一般会有一天时间从事商业化的工作，其他精力还是放在教学和研究上；学校允许教授办公司，但是差不多只有 7% 的教授有自己的公司，这一比例还是比斯坦福低得多。

让 MIT 有些羡慕的是，斯坦福大学已经形成了这样一种良性循环：重视商业化并鼓励教授和学生利用研究成果赚钱，在这个过程中学校也获得了不菲的技术转移收入，这些收入除了被用于支持基础研究，还能从哈佛和 MIT“挖”来高水平的教授，以加强研究能力。在最近几年，有一些高水平的教授从波士顿去了斯坦福大学。就笔者所知的经济学领域，就有获得过诺贝尔奖的罗斯（Roth）教授，以及获得过克拉克奖的苏珊·埃塞等一批青年才俊。

尽管如此，波士顿人还是对未来的发展抱有希望和信心。毕竟波士顿也有自己的竞争优势。首先，波士顿有哈佛和 MIT 两所世界顶尖大学，整体实力排名世界前两位，只是其技术转移能力还没有全面发挥出来，尤其是哈佛大学还有很大的潜力。其次，波士顿获得的联邦政府资助经费要比硅谷更多，仅在医疗卫生领域，差不多每年都可以得到 20 亿美元左右的联邦研发经费。而且，对于被诟病已久的禁止竞争条款，马萨诸塞州正准备在两年之内修订这一法律，使之不再成为影响创新活力的障碍。

此外，在一些波士顿学者看来，目前 IT 产业正处于产业发展的成熟期，而生命科学则还处于发展初期。随着产业生命周期的动态变化和生命科学的逐渐兴起，未来鹿死谁手还尚未可知。

（本文发表于《中国经济时报》，2016 年 5 月 23 日）

对症下药：消费债、投资债与公共债

2016年以来，西方媒体上出现了大量关于中国经济的文章，高校和研究机构也举办了许多关于中国经济的论坛和研讨会。同时，笔者近日拜访的一些经济学家也都表现出了对中国经济的关切或担忧。在这其中，一个最核心的话题就是关于债务的膨胀和风险问题。尽管各个方面提供的数据和计算方法各异，但是基本事实是一致的，即近年来我国总债务占国内生产总值（GDP）的比例上升较快。

根据北京大学教授迈克尔·佩蒂斯（Michael Pettis）的研究，凡是出现了债务加剧膨胀情况的国家，要么会产生金融危机，要么会导致一段时期的经济停滞或增长乏力，无一例外。这个结论是根据很多国家的数据归纳出来的，其背后的道理其实也十分简单：欠了太多的债怎么办？一个办法是赖着不还了；另一个办法是有钱先还债、逐步还清，但是就没有能力干别的了。前者就是金融危机，后者就是增长停滞。当然，马丁·费尔德斯坦、德怀特·珀金斯等著名经济学家都认为我国的债务增长带来危机的可能性很小，因为金融部门和很多负债企业都是国有的，风险相对可控，但是可能会对未来的经济增长产生一些负面影响。

在这样一个全球增长乏力、等待和孕育下一次技术革命的年代，面临债务问题其实是一个普遍现象。美国、日本和欧洲国家在不同程度上都存在债务难题和风险。根本而言，解决债务问题当然要靠经济增长来化解，但是短期内也必须有相应的具体对策来缓解或者化解。更重要的是，各国的债务情况千差万别，不能统而论之。总量固然重要，但是对债务的结构性分析其实更有利于提出有针对性的解决方案。

根据麦肯锡全球研究院的数据，按照各国居民、企业和政府不同的债务结构，可以将其粗分为三大类。第一类可称为“消费债”，即居民在总体债务中的负债比例高于非金融企业和政府负债，这一类国家包括 2007 年金融危机之前的美国以及加拿大、澳大利亚等国。其特点是消费需求占比高、居民储蓄率低而其杠杆率则较高。第二类可称为“投资债”，即非金融企业在总体债务中的负债比例高于居民和政府负债，这一类国家包括上世纪 90 年代之前的日本以及现在的韩国。其特点是高储蓄率和较高的投资率，以及相对较高的经济增长速度。第三类可称为“公共债”，即政府在总体债务中的负债比例高于居民和非金融企业负债，今天的西班牙、意大利、希腊等欧洲国家都是这样的情况。其特点是生产乏力，社会福利较高，公共支出和收入差距较大。当然，还可以按照内债和外债的比例进一步分析，比如日本主要是以内债为主，而美国则有比较多的外债。

对短期债务风险的缓解或化解办法，其实质主要是将不同部门的负债进行转换。这需要对杠杆率高、风险大的部门实施去杠杆化措施，但同时也常常不得不增加其他部门的杠杆，结果是使居民、企业和政府等每个部门的杠杆率和债务水平都暂时控制在合理区间。配合短期措施的同时，通过减少制度障碍、促进创新、提高人力资本水平等方式积极培养未来的增长力量。

从目前各国的政策实践来看，无论债务风险是以消费债为主还是以投资债为主，在出现金融危机或经济停滞的情况下，一般都会将部分居民或企业债务通过实施援助政策而转化为政府债务。比如美国的情况，在金融危机之前居民部门的债务超过政府债务和企业债务，其原因是金融部门在低储蓄率情况下不断通过金融衍生产品的创新来透支居民的未来收入，以支撑房地产价格的不断走高和由资产虚高带来的消费需求膨胀，最终导致了2008年的金融危机。美国政府为了应对危机，一方面出资救助银行及房利美、房地美，并加强对金融业的规制；另一方面加大了财政政策刺激，以培养未来的增长动力。美联储则通过量化宽松的货币政策重新提高资产价格，以恢复由此带来的财富效应和消费需求。在逐步复苏之后，美国联邦政府的债务几乎增长了一倍，已经超过了居民和非金融企业的债务水平。

日本的情况也有类似之处，随着上世纪90年代增长速度放缓，日本政府实行了大规模刺激政策，财政支出猛增，但是最终未能拉动经济增长速度的恢复，累积了大量的政府债务，至今政府债务占GDP的比例已经远远超过了欧洲国家。好在其90%以上的国债是欠国内企业和居民的，相对而言被国际资本攻击的风险要小一些。与消费债和投资债相比，最不好解决的其实是高福利国家的政府债。

就我国目前的情况而言，投资债的特征比较明显。其产生的主要原因是在资本回报率已经下降的情况下，动员了过多的投资，在稳住短期增长的同时必然也累积了债务。尽管总体债务水平上升较快，但是如果合理应对，也不必过于悲观。一方面，我国的经济增长潜力仍然较大。根据哈佛大学经济系乔根森（Jorgenson）教授的测算，中国未来十年应该可以保持5%以上的增长水平，如果各项改革措施顺利推进，则可能实现6%以上的增长。这是缓解债务的根本源头。另一方面，从债务结构来看，我国主要是企业部门的杠杆率较高、债务较重，居民部门的杠杆率和负债水平则相对较低，而且政府债务总体而言也不算高。通过适当调节不同部门负债的比例，在短期内也可以缓解负债过高的企业部门的风险。当然，由于负债的企业中有许多国有企业，因此其中一部分也可以视为政府的或有债务。

具体而言，最避不开的问题就是金融部门的改革及企业的去杠杆。目前美国商业银行向企业部门的贷款还不到消费者贷款的1／3，而我国的情况则恰恰相反。首先，商业银行的服务重心应该更多地向居民部门倾斜，适度提高居民的杠杆率。这不仅因为居民贷款属于优良资产，而且也是扩大消费需求、从而间接增加企业投资回报的有效途径。在投资收益率明显下降的情况下，银行靠吃“存贷差”躺着赚钱的时代已经成为过去时，未来要竞争的是服务消费者的能力。其次，继续支持多层次资本市场的发展，增加企业的直接融资比重，减轻其对商业银行贷款的依赖。最后，政府部门通过财政支出和适度提高债务规模来帮助企业去杠杆，这当然不是维持“僵尸企业”，而是解决“僵尸企业”破产带来的失业、不良贷款率上升等相关问题。

总之，短期根据债务结构和原因对症下药，再加上持续深化改革、激励创新带来的中长期增长，我国经济的未来发展前景仍然可以让人保持乐观。

（本文发表于《中国经济时报》，2016 年 6 月 6 日）

创新发展经济学：从集体主义到个体主义

在一次关于创新的研讨会上，曾担任过美国副国务卿的哈佛大学经济系教授理查德·库珀提出，创新和技术进步是两个不同的概念，包括中国在内的一些发展中国家取得了较大的技术进步，但是还没有形成促进创新的文化和制度环境。尽管在关于中国创新前景的问题上与这位老教授进行了较多的争论，但是笔者基本上认同他的观点。再透彻一点，这个观点其实反映出了创新经济学与创新发展经济学在理论上的区别。

事实上，目前学术界还没有一门叫做“创新发展经济学”的学科。之所以要提出这样一个概念，其实是为了解释后发国家的创新实践及其理论解释与发达国家的区别。正如发展经济学要研究的是相对贫穷的国家如何快速追赶并最终成为高收入国家一样，创新发展经济学就是要研究技术落后的国家如何快速地向处于科技前沿的发达国家趋近，并适时实现创新系统的转型，从而像发达经济体一样形成动态化、充满活力的创新生态系统。这对如何实现我国“十三五”规划提出的创新发展理念也具有较强的现实意义。

从实践来看，日本、韩国和我国台湾地区等相对成功地实现了技术追赶的经济体，在创新发展历程中体现出与美国等发达国家所不同的创新行为，在创新链条上的走向有较大差别。韩国学者金麟洙在《从模仿到创新》一书中曾指出，发达国家的创新过程一般遵从阿特拜克（Utterback）等学者提出的“U — A”模型，即先有产品创新，而后跟随而来的是生产过程创新；而后发国家往往相反，先从制造环节切入进行生产过程创新，在此基础上逐渐探索产品创新。

笔者对比了日本、韩国及我国的历史数据，发现其实这一规律可以再拓展一下：如果说美国的创新过程是从基础研究到应用研究，再到技术发展、产品和生产过程创新，那么后发国家的创新次序几乎是颠倒过来的，它们先从降低生产过程成本开始，逐步改进工艺、吸纳先进技术，最终会加强基础研究。

以韩国为例，在逐步经历了大规模制造和重视技术专利的年代后，韩国才开始越来越重视基础研究。自 2002 年以来，当年均经济增长速度降到 4% 左右以后，韩国基础研究支出占国民生产总值的比重从 0.32% 大幅提升至 0.75%，这一比重大概是我国目前的 7 倍左右。另一个例子是我国的深圳。目前发达国家的创新创业中心基本上都是在高水平研究型大学的周围，美国、以色列、欧洲莫不如此。为什么尚没有一流大学的深圳会成为中国最活跃的创新中心？笔者认为部分原因就是因为发展中国家与发达国家的创新过程次序不同，目前我国还没有发展到以基础研究为支撑的科学驱动型创新阶段，尚处于从低成本制造向高技术阶段迈进的转折期，而这与深圳的发展特征基本相符。

进一步观察会发现，在这个不断进行技术追赶的发展过程中，集体主义的作用得到了良好的发挥，集体主义至少体现在两个方面。

一是政府发挥了不可替代的作用。作为后发国家，一个明显的后发优势是技术追赶的路径相对清晰一些，这是因为发达国家已经在创新实践的过程中摸索出许多成功的技术路线，沿着这样的路线走下去要比自己重新摸索成本小得多。在这个前提下，政府部门可以集中科研力量进行既定方向的研究，实现技术追赶的不断突破。笔者多年前访问日本时，曾带回来一套由经济产业省主持制定的“产业技术路线图”，厚厚的两大本，都是不同产业的未来技术突破方向。按照创新经济学原理，创新的未来技术方向是不可预知的，政府也不可能知道。但是显然后发国家的政府并没有完全受这一原理的约束，这也就是创新发展经济学与创新经济学的差异所在。

第二个集体主义的体现就是大企业战略及其“抱团”行为。发达国家的创新有许多是源于中小企业和创业企业，发生颠覆性创新时尤其如此。而进行技术追赶的发展中国家则并非如此。这与二者不同的创新次序息息相关：对于前沿科学驱动的创新，往往发端于大学衍生的创业企业；而先从生产成本降低和逆向工程切入的创新，一般都是由大型制造企业来完成。而且，大企业在国际竞争中有更强的竞争力和谈判能力来获取国外的先进技术。在日本、韩国等国家技术追赶的过程中，丰田、松下、三星等大型企业都发挥了极其重要的作用。大企业的“抱团”也非常重要，日本的许多大企业是互相救助，甚至互相持股的。在实现半导体技术赶超美国的过程中，日本政府直接出面组织公立研究院所和几家大企业一同攻关，成效非常明显。而美国欲效仿日本的做法，则收效甚微。这同样也说明了创新发展经济学与创新经济学内在理念和制度需求的不同。

我国高铁技术的发展在一定程度上也说明了“抱团”的重要性。尽管从经济效率上讲，改革前我国铁路部门明显带有市场化程度不足的缺陷，但是这种产需部门合一的体制却在“市场换技术”战略中取得了一定的成效。相反对于市场化改革较早、竞争激烈的汽车产业，社会各界对其发展成就和技术进步效果的争议就比较大。当然，最好的平衡是既获得市场机制带来的效率提升，又通过“抱团”行为来实现技术追赶。在这一点上，日本值得我们学习。

不过，如果说创新发展经济学的内涵包括实现技术追赶和创新系统成功转型两大任务的话，那么日本也只是完成了前半部分，后半部分仍需努力。正因为技术追赶做得很好，日本在进入高收入国家群体后产生了一定程度的“路径依赖”，迄今为止还没能形成一个灵活、动态化的创新体系。为此，前不久日本内阁全体成员邀请哈佛大学经济系的乔根森教授来进行咨询，以期帮助日本逐步建立更加灵活的劳动力市场和创新系统，但这在日本集体主义的文化熏陶下并不那么容易实现。

要真正实现创新体系从技术追赶到充满活力的生态系统的转型，就必须从重视集体主义的理念走向更加重视个体主义，提倡张扬创新者的个性，宽容创新者的独特行为和试错性失败，最终实现个体主义与集体目标的融合。美国经济学家阿特金森（Atkinson）曾在其著作《创新经济学：全球优势竞争》中指出，美国的创新体系处于个体主义的一端，包括中国在内的一些后发国家则处于集体主义的另一端（阿特金森称之为“创新的重商主义”），难题在于如何实现二者的“阴阳”平衡。

对致力于在未来五到十年实现创新发展的我国来说，既要发挥集体优势进行科技水平的继续赶超，又要发挥大量草根创业者个体的创造力和活力，这实在是需要高超的领导艺术。好在我国人民始终是以既勤劳又智慧的优秀品质屹立于世界民族之林的，相信一定能够完成这个艰巨的历史任务。

（本文发表于《中国经济时报》，2016 年 6 月 20 日）

比科技和制度更重要的创新文化

笔者在比较硅谷和波士顿的创新环境时发现，两地的科技水平基本上并驾齐驱，法律制度的差异其实也只有一个“禁止竞争”条款，更多的区别其实是两地的创新文化。创新文化不像论文、专利和法律条款那样看得见、摸得着，但却深入大脑和骨髓，时时刻刻体现在不同地区人群的一举一动和言谈话语中。它令人心向往，但又有一种很难学得来的无力感。就像美国畅销书作家、创新文化的传播和实践者乔伊斯·威考夫（Joyce Wyckoff）所言：创新文化可以改变，但是很难，需要很长时间的努力。

世界上不止有一种创新文化，历史上也曾经产生过多种创新文化。根据英国著名学者李约瑟的研究，中国历史上一些时期也曾经是滋养数学、物理学、化学等科学和指南针、火药、水利、农业技术等应用技术的肥沃土壤，在著名科学家祖冲之生活的时代还曾举办过指南车性能比赛，可以想见当时浓厚的创新文化。遗憾的是，历史的内生发展轨迹以及外部冲击使得中华民族没有跟上近代科技和产业革命的步伐。

尽管和美国不同，但欧洲同样也有自己深厚的创新文化。从当年的手工业者到今天的“隐性冠军”企业和遍布世界各地的高质量工业品，无不体现着产业革命发源地的文化传承。欧洲从来不缺乏世界一流的研究型大学以及广为世界各地学习的“工匠精神”。一个流传很广的例子是，德国人出门从来不会问路，甚至以问路为耻，而是要自己认真地钻研地图，哪怕带来更高的时间成本。也正是这种有点“一根筋”的执着精神带来了精益求精的产品，在一定程度上克服了由于信息不对称带来的短期市场失灵，赢得了长期的消费者信任和市场份额。试想一下诺贝尔经济学奖得主阿克洛夫描绘的“柠檬市场”，在一个产品质量完全不对称的二手车市场上，你可能会去购买德国品牌或者德国人出售的汽车，这就是创新文化和“工匠精神”带给你的额外信息。

不过，如果从创新经济学鼻祖熊彼特所倡导的“创造性破坏”角度来看，欧洲的创新文化确实已经不像以硅谷为代表的美国创新文化那样充满活力。作为科学革命、现代思想启蒙和资本主义精神的摇篮，欧洲经过多年的历史发展，到今天已经形成了一整套稳定的生产体系和社会结构，但是已经逐步显现出稳定有余、弹性不足的劣势，对倡导冲击和变革的创新文化尤其如此。欧洲的学者对此进行过许多反思，在他们看来，欧洲国家虽然想要发展基于科技推动的经济，但是又从思想上排斥“创造性破坏”的过程。例如，法国学者吉尔克比（Giacobbi）批评道：“在一个充满变革的世界中，我们却总是想什么都不要变，甚至一家工厂都不要关门。”另一位学者伯特斯曼（Bertelsmann）研究发现，其实欧洲的科技水平比美国不差，但就是没法快速地将资本和人才与技术结合起来，因此总是跟不上美国的创新步伐。这使一些有志于创业的欧洲人不得不选择用脚投票，到硅谷去开始自己的冒险旅程。

那么，以硅谷为代表的美国式创新文化是什么？笔者只有半年的访学时间，尽管向一些经济学家和智库学者专门讨教过创新文化的问题，也曾经和年轻的创业者们交流过，但是绝不敢说已经真正理解了当地的创新文化，只能写一点自己的心得体会。

一是崇尚近乎疯狂的“个人英雄主义”。创新创业者心中大多会有一个看似遥不可及的梦想，而他们始终愿意为这样的梦想而燃烧自己的青春。乔布斯最有名的一句话是：“只有那些狂妄地认为他们可以改变整个世界的人，才真正有可能改变这个世界。”这就像谷歌宣称要让世界上所有信息都触手可及，而埃隆·马斯克则想把人类生活拓展到其他星球。他们都没有仅仅把创业当作是赚钱的手段，赚钱只是风险资本家们该考虑的重点。硅谷一个流行的说法是：预测未来的最好方法是去实现它。这种精神的培养是从娃娃抓起的。笔者所在的波士顿每年都会举办“剑桥科技节”，吸引孩子们接触科技，理解神奇的科技是如何改变生活的。即使是著名科学家的实验室，也会向幼稚的孩子们开放，并设计出让孩子们能够理解的演示装置，让他们从小怀有梦想并相信自己能够做到。

二是挑战权威的叛逆精神。在美国的教育中，学生们也被要求尊重师长，但是尊重的是他们的辛勤工作，而不是一定要同意老师的观点。相反，老师们会鼓励学生提出问题，甚至是质疑。在大学里尤其如此，一些功成名就的老师被问得满头大汗的情况并不罕见。在硅谷的成功发展史上，最有名的人物就是所谓的“八叛逆（the Traitorous Eight）”，这八位天才受当时诺贝尔物理奖得主肖克利的感召来到硅谷研究晶体管的应用，但是当他们感觉到恩师在管理、商业化以及性格方面的缺陷后，选择了集体离开，后来一起创立了著名的仙童公司，进而又衍生出英特尔等一众著名企业，造就了硅谷的繁荣。今天硅谷的创新龙头企业仍然会时时刻刻检查自己的公司是否已经被自上而下地“科层化”了，是否压抑了广大员工的创新精神，这是使企业永葆青春的关键秘诀之一。

三是对失败的包容，甚至是推崇。在创新者看来，最可耻的不是失败，而是不敢去尝试。当年张朝阳从美国拿到风险投资回国创立搜狐公司（当时还叫爱特信公司）的时候，他分享给国内创业青年最多的一句话就是“放胆去做（Just do it）”。硅谷的投资家们有一个流行的看法：失败三次以上的创业者最值得投资。每一次失败都被视为一次成功的试错，不但使失败者本身越来越有经验、越来越接近成功，而且也为其他创业者提供了经验和教训，具有很强的正外部性和溢出效应。需要强调的是，这种对失败的宽容并不是从道义上去可怜或者帮助所谓的失败者，而是真正认可失败所蕴含的商业价值。

四是开放、充满好奇心的社会心态。一个创新的社会应该抱有随时接受新思想、新事物的开放心态，这一点说起来容易，但是形成社会氛围很难。当优步、滴滴等新的打车软件出现以后，不但持有既得利益的出租车公司出面反对，而且还有很多顾客不愿意尝试着学习如何使用这一能带来便利的新事物，而是宁愿选择已经习惯了的传统方式，这就很难形成真正的创新文化。大家可以自测一下：当听说了一种新技术或新事物，你的本能反应是很兴奋并想去尝试，还是因为怕麻烦或者担心带来风险，等别人都接受了再考虑？答案反映出的就是根植于我们头脑和心灵中的文化影响。

还有一点就是多元化而且积极互动的文化氛围。硅谷的一大特点是移民众多，而且这些年轻的移民创立了一半以上的创业企业，这和我国深圳的情况有类似之处。来自世界各地的创业者们聚集在这里，不是每天待在自己的实验室或企业里，而是去参加各种各样的活动，和不同肤色、不同宗教信仰、不同学科背景但同样怀有梦想的人们积极开展交流。与之相反的是，在那些更加重视家族内部活动和传统宗教仪式的地方，创新的种子就比较难以散播。

对我国这样一个传统文化根深蒂固，甚至在某些学者看来已经形成了一个“超稳定社会结构”的国家来说，培育创新文化的确任重道远。但是也应该看到，随着互联网信息技术的发展，人们获得信息、知识和思想的渠道越来越多，互相交流的平台越来越多，成功的创新创业者正在成为新一代年轻人的偶像。

这一切，都让我们对未来充满信心。

（本文发表于《中国经济时报》，2016年6月30日，原标题为“以硅谷为代表的美国式创新文化”）

乐观看待中国经济未来

经济学是研究稀缺资源最优化使用的学问，人生最稀缺的资源其实就是时间。半年的访学期很快就要结束了，最大的感受就是需要学的东西太多，但短期内又很难一一顾及。今年毕业季的时候，笔者曾和在哈佛读学位的高才生们开玩笑说：如果用螃蟹作比喻的话，你们是正宗的“阳澄湖大闸蟹”，像笔者这样的短期访问学者最多算是上市前放进阳澄湖里洗个澡，然后也冒充“阳澄湖大闸蟹”来卖。尽管如此，能有机会到阳澄湖里洗个澡，毕竟还是很幸运的。

在访学期间，笔者拜访了一些美国本地的经济学家，向他们请教过关于中国经济未来发展的问题。美国的各大媒体和网络上也有许多关于中国经济的文章和访谈。总体而言，这些专家学者和媒体报道都表现出了一些对中国经济走势的担忧，其中有一定社会影响的文章包括美国《金融时报》首席经济评论员马丁·沃尔夫（Martin Wolf）在《美国利益》杂志发表的一篇文章，以及摩根士丹利投资管理公司首席全球策略师鲁吉·夏尔马（Ruchir Sharma）在《纽约时报》发表的文章等。总结起来，这些文章的主要观点包括以下几点：

一是认为中国经济增长的旧有模式已经走到尽头，未来增长速度会显著降低。著名经济学家德怀特·珀金斯在 2007

年的一篇论文中就基于国际经验提出了中国经济发展速度可能会出现阶段性降低的论断，后来劳伦斯·萨默斯在美国经济研究局（NBER）的一篇工作论文中使用计量方法进一步证明了这一结论。按照马丁·沃尔夫的计算，近年来中国全要素生产率对增长的贡献越来越低，已经接近于零，投资驱动型的增长模式已经无法持续。对于增速将会降低到什么程度，不同经济学家的预测有一定的区别，但是都比我们设定的 6.5% 的增长目标低一些。例如，哈佛大学经济系的乔根森教授认为正常情况下会降低到 5% 左右，而罗伯特·巴罗测算的结果是降低到 4% 左右或者更低。

二是认为中国经济的债务问题可能带来严重后果，甚至可能对全球经济稳定发展产生负面冲击。鲁吉·夏尔马基于世界各国的历史经验，判断中国经济债务率近几年的快速增长尽管有助于稳定短期增长速度，但是会拖累未来一段时期的经济增速，极端的情况下甚至可能导致金融危机。而且，如果人为地将短期经济增速推高，将可能加重债务问题。不过，马丁·费尔德斯坦、德怀特·珀金斯等著名经济学家都认为出现金融危机的可能性不大，因为虽然中国金融体系的效率比较低，但是可控性还是比较强的。即使采用通货膨胀的方式来解决，也比金融危机好一些。

三是认为推进市场化改革会有利于缓解经济的“硬着陆”，但是不相信中国的改革会顺利推进。在这些学者看来，市场化的改革会释放出更多的生产要素和提高要素配置效率，因而有利于稳定增长速度和调节经济结构，实现更有质量的发展。他们提出的药方包括以金融体系改革提高资本效率、以国有企业改革扩大投资机会、以土地制度改革释放更多劳动力、以收入分配制度改革提高消费比重以及推进政府体系改革等等。但很多经济学家都认为这些改革不太可能同时发生，因此对中国经济前景持谨慎态度。

四是认为尽管把维持增长的希望放在科技进步和创新上，但是中国的科研、教育等制度和内在的传统文化不利于激发创新活动。一些学者认为中国的科研制度比较死板，等级森严而且互相交流较少，不允许挑战权威，不利于产生新观点和想法。教育制度也是标准化有余、灵活性不足，属于擅长应付考试而不是激发研究兴趣的教育模式，会扼杀一些有创造力的人才。中国传统文化比较强调服从和维持自上而下的社会结构，也不利于创新。

对于这些观点，笔者的看法可以用两句诗来形容：“不畏浮云遮望眼，长风破浪会有时”。我们不否认目前中国经济面临一些困难，前述的一些观点也确实切中了部分关键问题，但是都不足以成为“唱衰中国”的理由。中国经济的大船也许会遇到逆风，但是绝不会因此而倒退。

首先，且不说中国在 2016 年上半年取得了 6.7% 的增长速度，即使按照一些美国经济学家预测的 5% 的速度增长，也已经是很高的增速了。而且，经济增长速度也并不完全是越高越好。经济学研究的是如何以最小的投入获得最大的产出，而国内生产总值（GDP）反映的是一个经济体的总产出，并不反映投入了多少资源能源、造成了多少污染和灾难，因此，二者的理念是不同的。即使 GDP 增速不高，只要是投入有所减少，仍然反映出经济发展质量的改善，而这恰恰正是当前中国发展阶段所应追求的目标。

其次，债务问题对发达国家和发展中国家的意义并不相同。中国依然是发展中国家，长期来看一定有潜力、有时间来解决债务问题。对于日本以及一些欧洲发达国家，经济增长速度已经不可能太快，而其政治制度也使得老百姓不太可能牺牲自身利益为政府还债，过高的债务率问题几乎已经看不到有什么正常解决的可能性。中国则不然，我们与发达国家的人均收入差距还比较大，还有很高的增长潜力，只要管控好短期风险并持续推进金融体系改革，债务问题可以在发展中逐步解决。

再次，全面深化改革已经形成社会共识，不可能出现方向性逆转。党的十八届三中全会对深化改革进行了全面部署，四中全会又做出了全面推进依法治国的重大决定，这都表明了中国将不断深化市场化改革的理念和信心。辩证地看，中国经济发展面临的暂时困难终究会转化为深化改革的动力。例如，当前国务院对民间投资发展的重视和推动，必将进一步促进市场化改革；而要解决“僵尸企业”和债务居高不下等问题，也必将推动国有企业和国有资本管理体系的进一步改革。

第四，互联网和“大众创业、万众创新”的发展正在深刻改变中国的创新文化。强调“大众创业、万众创新”并不是要鼓励所有人都参与创业、尤其是失败率较高的高技术创业，而是要发挥草根大众的创造力和积极性，改变传统的思维方式和社会结构，实现“自下而上”的创新创业。这对培养创新文化和创新型社会具有非常重要的积极意义。而且，除了激发新商业模式，互联网的发展也为培养创新文化提供了非常好的土壤。一方面，网民可以通过互联网获得更多的知识和信息，这使人力资本不断提升；另一方面，各种讨论区和社交群给了不同背景的网民进行交流和讨论的虚拟空间和平台，而互动和交流恰恰是创新文化的核心理念之一。假以时日，中国一代又一代的年轻人将越来越具有创新理念，并终将形成有中国特色的创新文化。

行文至此，又想起笔者曾对哈佛大学的中国优秀毕业生们说过的一句话：如果你对祖国未来发展很乐观，那么不妨参与进这个过程，实现个人和祖国的双赢；如果你对祖国未来发展有些悲观，那么我们可以一起努力，发扬“从我做起”的精神，逐步改变我们都深爱着的国家。

（本文发表于《中国经济时报》，2016 年 7 月 21 日）

制度观察

美国创新体系的趋势性变化及启示

尽管在国际金融危机之后，美国的经济增长出现了一些问题，但仍然是世界上创新能力最强、创业最活跃的国家。美国的创新体系主要包含三个支柱：一是相对自由、宽松的营商环境以及由此产生的企业家精神；二是包含税收、贸易、市场规制和知识产权保护等方面相对完备的制度体系；三是由政府研发支持、教育投入和采购支出等组成的创新政策体系。这个创新体系支撑了美国自二战结束以来的科学技术大发展和创新能力的持续提高。但是，近年来随着全球经济和创新格局的发展变化，该体系已经显露出一些问题，在一定程度上影响了美国的持续创新能力和经济增长潜力。从问题的另一面来看，这也给像我国这样的发展中大国带来一些机遇。我们应继续坚定不移地实施创新发展战略，坚持走开放创新之路，以多种方式提升科学研究和产业技术水平，使创新真正成为我国未来发展的第一动力。

一、政府投入能力和技术转化效率下降是当前美国创新体系的两个重要变化

在美国的创新体系中，企业当然是技术创新的主力军，政府的角色主要是规则制定及维护者和创新要素培育者。联

邦政府为基础研究提供资助，高校及联邦科研机构接受政府资助后进行研究，并依据《拜杜法案》《斯蒂文森–维尔德勒法案》等法律获得技术转让的收益权，然后通过建立专业化的技术转移办公室（OTC），以专利特许、衍生创业企业、与企业研发合作等多种方式，将研究成果进一步转化为经济增长。这个体系曾经运转流畅，但目前在两个环节上已经大不如前。

一是政府研发投入已经出现“乏力”趋势，而且不易逆转。美国强大的创新能力无疑得益于二战之后的冷战时期政府在国防科研方面的巨大投入，许多学科的前沿进展都与国防领域的研究息息相关。这些研究成果除了支撑美苏大国争霸，有很多都最终转化为民用产业技术和产品，包括今天在生活中广泛应用的互联网、全球定位系统、通信卫星、喷气式飞机、核电站等。作为全球创新中心的硅谷，其发展同样得益于联邦政府的研发投入和巨额政府采购合同。1965 年，研发预算占联邦政府总预算的比重达到了 12% 的历史峰值，其中一半左右是国防研发预算。

但是，从 20 世纪 60 年代以后，美国联邦政府总预算中研发预算的比重一直呈下降趋势，80 年代降至 5% 左右，90 年代末再降至 4% 左右，21 世纪前几年曾出现过小幅回升，但 2007 年之后继续下降，目前已经降至 3.5% 左右。以美国联邦政府的重要研发机构国立卫生研究院（NIH）为例，从

2003 年至 2014 年期间，NIH 的预算年均下降 2% 左右，而且这种下降的趋势仍然在延续。在经历了金融危机之后，联邦政府债务占国内生产总值（GDP）的比重翻了一倍，而且联邦政府支出中医疗、社保、国防等“刚性”支出的比重不断上升，已经接近三分之二，能够灵活调节的预算空间越来越小。新一届政府上台以后，明确提出将进一步削减联邦财政科技支出。因此，在可预见的未来一段时间，联邦政府研发投入增长乏力的趋势还将持续。

二是将前沿技术转化为经济增长的效率出现下降趋势。根据国际货币基金组织的一项研究成果显示，从 1995 年到 2010 年期间，美国的技术进步一直相对稳定地保持年均 1% 左右的速度增长，但是将技术进步转化为经济真实增长的效率，即技术效率则从 2000 年开始就出现了显著下降，明显低于技术进步的幅度。这意味着美国仍然有能力不断地将技术水平向前沿推进，但是技术进步带来的经济效应则有所减弱。

出现这一现象的部分原因与经济的全球化进程有关。2000 年前后正值我国加入世界贸易组织之际，随着经济和贸易全球化的不断发展，发达国家发生的技术进步带来的经济效应往往不再局限于本国之内，而是逐渐在世界范围内扩散。以移动支付为例，包括软硬件在内的源头技术都发源于美国，但是微信支付和支付宝等移动支付方式目前在我国的应用比美国更为广泛，苹果公司也只是最近才开始推广支付应用。这无疑得益于全球化背景下我国企业的制造能力和市场本地化水平的不断提高。尽管新一届美国政府试图扭转这一趋势，但是技术全球化扩散的体系已经基本形成，逆转的可能性不大。

二、我国应坚持开放创新，保持研发投入增长势头，不断提升科技实力

著名的“微笑曲线”将全球价值链分为研发、制造和市场三个主要环节。其中发展中国家和地区一般处于低成本制造环节，需要向两端持续迈进。经过改革开放以来 30 多年的发展，我国的制造能力从低成本切入，水平不断提升；市场能力尤其是对国内市场的开拓能力，也随着电子商务等互联网应用模式的发展逐步增强。由于有这样的制造和市场基础，发达国家的新技术应用往往能以较快的速度向我国扩散。但是，科学和技术水平仍然是我国创新发展面临的薄弱环节。美国创新体系的新变化总体上对我们有利，在战略上应该因势而动，充分利用这种变化带来的新机遇发展自己。

一是保持政府对研发投入的增长势头，逐步增加基础研究投入比重。政府对研发尤其是基础研究的投入，其效果往往在二三十年之后才会充分显现。要保持未来发展的后劲，就应该在现阶段进行科技投入的布局。在美国政府科技投入

比重减少的大背景下，已经有一些科学家在全球范围内寻找经费支持，对此我们应该积极敞开大门，吸引引领科技前沿发展的华人、华裔以及欧美科学家为我所用，与我国科技工作者一起努力，提高国家科技实力。

二是坚持开放创新，更高水平地利用发达国家创新要素。美国技术转化效率走低其实意味着经济和创新全球化对发展中国家带来的溢出效应。未来一段时期我国应继续坚持开放创新的大方向，通过双边谈判降低技术、资本、人才等创新要素国内外流动的制度性壁垒。一方面要支持“引进来”，为海外人才来华创业提供完备的服务体系，为海外技术来华转化提供便利和激励；另一方面更要支持“走出去”，支持我国企业到海外收购高技术中小企业和建立研发中心，支持国内风险投资到海外投资高技术创业企业，支持国内科技人员和企业家到海外学习、工作和交流。

（本文发表于《中国经济时报》，2017 年 5 月 4 日）

美国科研仪器平台的共享机制及启示

美国政府对联邦政府全额或部分出资购置、由政府科研机构和高校或其他非营利机构运营的大型科研仪器平台要求建立共享机制。这些科研仪器平台可以分为合同采购类平台和拨款合作类平台两大类，二者的政府出资方式、资助目的、出资额度、平台所有权都不相同，所适用的法律规定、制度保障和运行机制也存在较大差异，但是总体而言都做到了有法可依、规范运行。美国科研平台共享机制的经验值得我们思考和借鉴：首先，科研平台共享需要有相应的法律法规依据，确立基本理念和原则；其次，科研平台共享的前提是要有清晰的产权，不能笼统地归为“国有”；最后，对不同类别的科研平台，应该有针对性地制定符合其性质和特点的共享机制。

科研仪器平台在西方发达国家一般被称为科学研究设施（scientific facility）或共享仪器设施（Shared Resource Facility、Shared-use Facility）。一般而言，这些平台都是由政府出资或部分出资采购的，因此政府希望这些平台能够通过向社会开放共享的方式来提高运行绩效，以提高财政资金的利用效率，带动整个社会的研究开发和创新活动。目前，我国各级政府通过各类科技项目已经资助了一批大型科研平台，但是其共享机制仍然还不完善。美国科研平台共享机制的经验值得我们思考和借鉴。

一、美国科研仪器平台的共享机制

美国科研仪器平台的共享机制相对比较复杂，涉及到不同的资助方式和资助对象，但是总体而言做到了有法可依、规范运行。

（一）科研仪器共享平台的两大分类及其法律依据

在美国，被要求共享的大型科研仪器平台一般都是由联邦政府全额或部分出资购置，而且是由政府科研机构、高校或其他非营利机构运营①。主要可以分为两类。

第一类是政府通过“研发合同”（Research and Development Contracting）方式在相应研发项目中采购的仪器设备或科学设施（以下简称为“合同采购类平台”）。这种情况一般是由联邦政府与平台依托单位签订研发合同，研发活动主要服务于联邦政府及其相关部门。这类研发项目中所购置的仪器设备要依据《联邦政府采购法》中有关政府资产的管理规定进行管理。除了这一基本法律依据，代表联邦政府出资的各科研管理部门也会制定一些与本领域相关的资产

① 在研发激励政策体系中，政府也会资助企业购置科研仪器，但是一般不会要求作为市场竞争主体的企业将其科研平台进行共享，对企业以收费方式对外提供科研仪器平台服务也不予干预。

管理规定和实施细则，例如《能源部资产管理规定》等。

第二类是联邦政府以拨款和合作协议（Grants and Cooperative Agreements）的方式，在被资助的符合公共利益的研发项目中购置的仪器设备或科学设施（下文中简称为“拨款合作类平台”）。与第一类不同，这类研发项目不是直接为联邦政府的利益服务，但是其研发活动也具有一定的公益性质。在这种情况下，仪器设备共享的主要法律依据则是美国联邦预算管理办公室发布的《关于对高等教育机构、医院及其他非营利机构给予拨款资助的统一管理要求》（Uniform Administrative Requirements for Grants and Other Agreements with Institutions of Higher Education，Hospitals and Other Non-Profit Organizations，OMB Circular A-110）。这一法规中有关资产的管理规定对仪器设备的产权、共享、收费等问题作出了解释和规范。当然，资助部门也会制定一些具体的规章进行管理，例如美国能源部的《能源部财务资助管理条例》，国家科学基金会的《国家科学基金资助条件》等。

显然，这两类仪器平台的政府出资方式、资助目的都不相同，政府出资的额度、平台的所有权也不尽相同。因此，必须对这两类平台进行分别分析，以窥见美国科研仪器平台共享机制的全貌。

（二）合同采购类平台的共享机制

美国非常重视在合同采购类科研仪器平台上的投入，并以法律法规的形式保障政府对这些平台的投入，如《1988年高等教育机构研究设施现代化法》《2001年美国国家科学基金会授权法》、农业部《竞争性、特殊和设施研究拨款法》《研究设施法》等，都明确规定要加大对科研仪器设施的投资。

1．平台的购置及运行维护费用来源

美国联邦政府的各大科研管理部门，包括能源部、航空航天局、农业部、自然科学基金等，分别按照各自的职能范畴负责对研发合同的立项进行管理。科研仪器平台的经费预算也来自于这些联邦政府部门，但是要通过国会的批准才能执行。

由于合同采购类平台所依托的研发项目是直接为联邦政府的利益服务，因此平台所需的仪器设备的购置计划一般都由相应的政府管理部门制定，其购置费和运行费通常都由联邦政府部门全额支持。

2．平台的产权界定

根据合同签署对象，即平台依托单位的不同，产权归属可以分为两种情况。一是平台依托单位为政府资助的研发中心（Federally Funded Research and Development Centers，FFRDC）和国家实验室。在这种情况下，根据研发合同所购置的仪器设备平台，其所有权归联邦政府，政府资助的研发中心、国家实验室只有使用权，并依据有关国家资产管理标准和使用要求进行管理和使用。二是平台依托单位为高等教育机构、医院及非营利机构。在这种情形下，产权归属又可以分为两类。

第一，对于价格在5000美元以下的仪器设备，在征得联邦政府管理部门同意后，其所有权可归平台依托单位所有。

第二，对于价格为5000美元及以上的仪器设备，其产权要看政府部门和平台依托单位所签合同的具体约定。根据承担单位性质和研究任务特点不同，可以存在多种约定情况：一是仪器设备归平台依托单位所有；二是仪器设备归平台依托单位所有，但政府有权在项目结束后的12个月内将仪器设备转给第三方；三是仪器设备所有权归政府所有。

3．平台依托单位的责任和义务

根据《联邦政府采购法》中对平台依托单位所占有政府资产（包括科研仪器设备）的管理规定，首先要坚持几条基本原则：一是最大程度地消除平台依托单位因占用政府资产带来的竞争优势，避免不公平竞争。二是要求平台依托单位最大程度地利用政府资产来履行合同内容，并应依据政府资产管理标准对政府资产进行管理。三是保证平台依托单位所占有的政府资产可以最大程度地在联邦政府部门中再利用。

从平台依托单位的主要责任和义务来看，主要是4条规定：一是要将政府资产最大程度地用来履行与联邦政府签订的合同。二是依据合同条款直接对政府资产管理负责，并依据政府资产管理标准建立政府资产管理系统，该管理系统需经相关联邦政府部门的批准。三是应依据相关要求对政府资产进行登记，并定期向相关联邦政府部门报告。四是应对政府资产的丢失、损坏和不正当使用负有责任。

4．平台的共享及收费机制

合同采购类平台的依托单位有责任最大化提高平台的使用效率，因此有义务促进平台的开放共享。对共享的激励和约束机制主要来自于对平台依托单位的绩效考核机制。政府职能部门根据合同约定的内容对国家实验室进行考核，并以考核为依据拨付运行维护经费。

共享的收费机制根据用户性质和使用目的不同分为两种：对于非营利目的的使用，原则上不向用户收取费用；对于营利性部门为获得专利或其他收益而进行的平台使用，要按照“全部成本回收”的原则收取服务费，因为这些用户的研究成果不会开放共享，不会对全社会的科技发展和创新做出贡献。总体而言，目前营利性机构以获取收益为目的的使用时间（proprietary use）占大部分设施运行时间（beam times）的比例微乎其微，很多平台都不足1%，这种收费只能补偿运行维护成本中很小的比例。

对非营利性用途是否应向用户收费或分摊成本的问题，在美国也存在一定的争论，但主流的看法和结论还是不应该收费。原因在于：首先，收取用户费可能会破坏“依据科学家的业绩获得设备使用权”的原则，以支付费用取代科学业绩是不足取的；其次，如果这些收费成为运行维护的重要组成部分，那么其波动将为设备的运营维护情况带来负面影响，造成预算的不确定性，从而影响到设备的升级甚至正常运转。

（三）拨款合作类平台的共享机制

拨款合作类平台的依托单位一般是高校、医院和其他非营利科研机构，目前以高校居多。美国高校的大型仪器平台一般都放在公用空间，非常方便使用，也方便用户之间、用户与管理人员之间的交流，营造了较为开放的科学研究环境。此外，为了方便用户查询和使用，高校大型仪器平台十分注重信息化建设，建立了平台专门网站，详细介绍平台的职能、服务以及主要大型仪器的详细信息、应用领域及典型用户、联系方式、申请使用流程、收费标准等。此外，网站还提供使用大型仪器设备必须的培训教材、安全教育内容等信息。许多平台印刷了专门的宣传彩页，介绍实验室的仪器、服务、特色及详细联系方式。这些平台通过多种渠道扩大影响，鼓励用户使用公共平台设施及技术。用户在使用高校大型仪器公共平台资源时，需要填写详细申请表，并且在发表论文时需要注明提供支持的公共平台。

1．平台的购置及经费来源

拨款类平台一般包含在由联邦政府以合作协议方式资助的非营利机构研发项目中，属于联邦政府对符合公共利益的项目给予的拨款资助，但并不是整个研发项目经费都来自政府。平台依托单位根据研发项目需要对仪器设备提出购置计划，由负责提供资助的联邦政府部门批准。购置费和运行费的资助比例要视项目而定，联邦政府可以给予全部或部分仪器购置费和运行费。一般而言，通常要求仪器设备的购置费不能超过整个研发项目经费的30%。

2．平台的产权归属及处置办法

与合同采购类平台不同，拨款类平台的所有权通常归属于平台依托单位。有一种例外情况，就是如果联邦政府以直接提供仪器设备的方式对项目给予资助，则仪器设备的所有权归联邦政府。不过，无论是哪种情形，联邦政府都拥有在项目结束后对仪器设备的处置权。当平台依托单位的研发项目已经结束且不再需要仪器设备时，可依据以下两种情况对仪器设备进行处置。

第一，对于折旧后市场单价在5000美元以下的仪器，平台依托单位可以保留、出售或进行其他方式的处置，而对给予项目资助的联邦政府部门不再承担任何责任。

第二，对于折旧后市场单价高于5000美元的仪器，平台依托单位在付给政府补偿费后可留做它用。补偿费的计算方法为：首先对仪器设备进行市场估价，补偿费在仪器折旧后市场价中所占的比例与最初购买仪器时政府经费在购置费中所占的比例相同。如平台依托单位不想保留该仪器设备，可向给予资助的联邦政府部门报告，按联邦政府部门的要求进行处置，此时又分为两种情况：如果平台依托单位在向联邦政府提出仪器设备处置申请后120天内未得到答复，平台依托单位可将仪器设备自行出售，但应按比例向联邦政府部门缴纳补偿费；如果联邦部门决定将仪器设备收回用作它用，而仪器设备是由联邦政府和平台依托单位共同出资购置的，则要对仪器设备进行估价，联邦政府应按折旧后的市场价以购买时的出资比例给予平台依托单位补偿费。

3．平台的共享及收费机制

按照《关于对高等教育机构、医院及其他非营利机构给予拨款资助的统一管理要求》的规定，拨款合作类平台的平台依托单位在不妨碍该平台所属研发项目正常运行的条件下，有义务向联邦政府部门所从事的其他研究项目开放，其优先顺序为：应首先满足给予该平台仪器设备拨款资助的联邦政府部门项目需要，其次满足其他联邦政府部门的需要。

平台依托单位也可以为非联邦政府部门和机构提供服务。当然，如果在特殊情况下，平台是政府直接给予的，所有权归联邦政府所有，那就必须要在给予资助的联邦政府部门批准后才能提供服务。

对于这一类平台，依托单位在未得到联邦法律授权的情况下，不能将开放共享的联邦资助经费购置（虽然所有权属于平台依托单位）和直接给予的仪器设施，以低于私有部门提供相同服务的价格为非联邦机构提供有偿服务，以免造成不公平竞争、扰乱市场秩序。从实践来看，高校科研平台对企业服务通常参照商业标准收费。

有偿服务所获得的服务费收入作为“项目收入”，按项目收入的有关规定使用。所谓项目收入是指联邦资助获得者通过资助项目所获得的所有收入，主要包括服务费、项目资产所获得的租赁费、产品的销售收入、特许费、专利费、版权费、利息等等。对于项目收入，根据《关于对高等教育机构、医院及其他非营利机构给予拨款资助的统一管理要求》规定：项目收入归平台依托单位所有，但是在项目执行期内只能用于项目支出。项目结束后，平台依托单位不再对联邦政府部门承担责任，项目收入可由平台依托单位自行支配。

二、启示与借鉴

（一）科研平台共享需要有法律法规依据

美国科研平台共享机制的背后都有相关的法律法规作为保障和依据，比如《联邦政府采购法》和《关于对高等教育机构、医院及非营利机构给予资助的统一管理要求》等。而我国目前科研平台的共享还没有上位的法律法规依据，只是在科技部门的相关文件中作了一些规定。许多平台建设和依托单位在这个问题上还没有统一认识，有的单位甚至还比较抵制开放共享的做法。究其根本原因，还是没有以法律形式确立开放共享的基本理念和原则，使各地方、各单位在推进科研平台开放共享方面缺乏依据。

（二）科研平台共享的前提是要有清晰的产权

根据性质的不同和政府资助方式的不同，美国的科研仪器平台有多种产权所有形式，但是其产权是清晰的。因此，在平台的共享机制中，各相关部门和单位的责、权、利就比较明确，相关制度也比较容易得到贯彻执行。

我国的情况要复杂得多。政府资助的各类软硬件仪器平台分布在大学、科研机构和国有企业，各单位都笼统地认为科研平台的产权是“国有”的，但又说不清国有到底是归谁所有。各单位在申请研发项目时，任务书或科研合同书都没有明确规定项目所购买的仪器设备究竟归谁所有，科研平台的产权事实上属于模糊状态。在这种情况下，各方的责任、权利和义务都不甚了了，很难设计出开放共享的合理机制。

（三）不同类别的科研平台应有各自不同的共享机制

政府对各类科研平台资助的方式有所不同，既包括政府全额出资购置的情况，也包括政府部分出资、依托单位配套出资的情况。在美国，对于不同类别的科研平台适用的相关法律也不一样，因此共享制度有着很大的区别。而且，共享机制和用户性质也有关系，联邦政府用户、非营利机构用户和企业用户会面临不同的收费标准。这种制度设计是比较合理的，既体现了政府财政经费的使用目标，也实现了开放共享的目的。

近年来，我国科技和财政部门以及各地方政府也都制定颁布了一些关于科研平台共享的管理办法和指导意见，但是这些文件基本上都没有清晰划分科研平台的类别以及对不同用户的计费方式。有的文件将资助民营企业的科研平台也列入共享范围，而且许多科研平台将来自事业单位或非营利机构的用户与企业用户同样对待，采取一致的收费标准。这些做法都有其不合理的因素，需要不断地进行改进和完善。

（本文发表于《中国经济时报》，2016 年 10 月 10 日）

美国的非营利机构制度

世界各国的非营利机构自上世纪 70 年代以来得到了迅速发展，甚至被称为市场和政府之外的“第三部门”。这些非营利机构承担了许多公益性和互异性的社会职能，成为市场经济社会中不可缺少的一部分。非营利机构在美国扮演着一个重要的角色，近一半的大学（包括哈佛大学在内）和医院、2/3 的社会服务机构、大多数民间协会以及绝大部分交响乐团都属于非营利部门。美国是世界上非营利机构比较发达的国家之一。

研究非营利机构的外部制度，首先必须了解美国法律制度的特点。美国虽然有成文的宪法和一些制定法，但是从总体上还属于普通法系国家。普通法系的特点在于实行判例制度和为之作补充的衡平法制度，法官拥有一定的立法权。在美国法律体系中，并不严格划分公法和私法，没有统一的民法典，因此其法人制度和大陆法系国家是有很大差异的。在美国法律文化中，公民的自由结社权是根植于宪法精神中的，是与生俱来的，因此非营利机构就天然具有存在的权利，而不像许多大陆法系国家那样需要政府部门批准才能成立。但是有一套相关的州法律和联邦法律对非营利机构进行监管，这些法律包括州立的《非营利公司法》和联邦法典中的税收条例等。

一、法人制度和非营利机构的法人种类

法人分类如图：

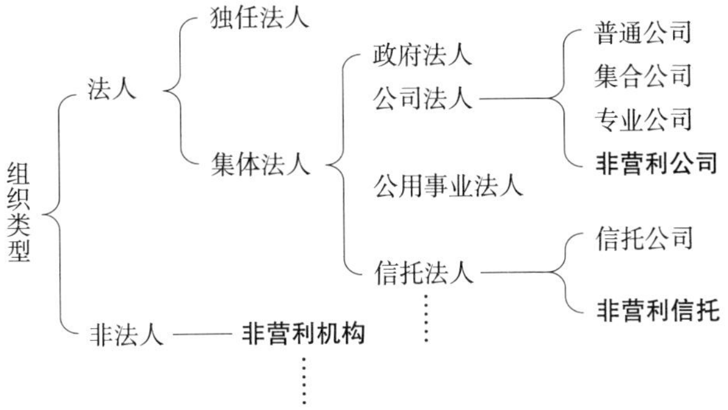

图　美国的法人分类

资料来源：根据《Conspectus of contemporary American Laws》《民法学》《国外非营利组织法律法规概要》有关章节整理。

美国所有社会组织都可以分为法人和非法人，非法人的含义并不是说这个组织是非法的，而是指它并没有按照有关法律到州政府政务部注册成为法人，而是仅仅在国内税务局、州政府办公室以及州司法部长办公室登记备案。非法人组织不承担法人的义务，也不享受法人的权利，但是仍然可以在不违法的情况下自由活动。法人分为独任法人和集体法人，这一分类来源于英国法律。集体法人是指由多数人组成而可以永久存在的集合体，如市政府、商业公司等；独任法人是指一个人由于法律的确认而享有法人资格，如法律认为教区的教长的职位是永久存在的，教长的人格与他的职务无

关，这种法人也被称为单任法人。

由于不严格区分公、私法，又有信托制度存在，所以美国不像大陆法系国家那样有公法人与私法人、社团法人与财团法人那样的区别。一般的法人组织都属于集体法人，包括政府、企业、公用事业法人等等各种各样的组织形式。图1中的各类集体法人又有一些交叉，这是因为没有严格的分类标准，比如信托公司本身也属于企业法人，只是其资产有一部分是由信用托管的方式取得的。

在这其中，非营利机构可以根据自己的规模和范围灵活地选择不同的组织类型，包括以下几种：

1. 非法人

要成为法人必须符合一些条件，比如有必要的财产或者经费、有自己的名称、组织机构和场所等，同时也必须承担民事义务。如果是规模很小、活动范围也有限的非营利组织，可以选择非法人的方式，只要不进行违法活动，可以自由结社。有大量未注册为法人只进行登记的非营利组织，或者是因其资本小于注册线要求的2.5万美元，或者是由于这些机构的发起人不需要获得非营利法人地位。许多宗教团体以及一些专业学术团体是以这种方式运行的。

事实上，如果愿意接受严格的税务审查，一个非法人的非营利社团也可以获得免税资格。非营利机构选择非法人的组织方式，可以不受各州公司法的制约，以便在全联邦内开展活动，从而避免了在不同州分别注册并接受管辖的限制。但是也带来了另一个问题，就是董事或出资人对该机构的民事行为要负无限责任。收入来源较多、稍具规模的非营利机构一般不会选择非法人的组织方式。

2．非营利公司

美国的公司法一般是由州政府或州立法机构负责制定的，大多数州都制定了《非营利公司法》。该法一般规定，只要非营利机构不向出资人分配利润，而将所获利润应用于符合其组织宗旨的再投入，并且符合公司法关于名称、组织机构、规章制度等规定，就可以依法成立非营利公司。非营利公司形式有其非常突出的优点，一是使得组织的董事或出资人对该法人的行为只负担有限民事责任；二是有利于通过联邦税务局的“组织性检验”，进而获得免税地位。因此，大多数非营利机构都选择这种组织形式。

据加利福尼亚大学非营利组织研究中心提供的数字，1997 年，美国有 160 万个非营利组织，其中 124 万个非营利组织都注册了非营利公司法人，包括为社会公益即非特定的绝大多数人服务的慈善类机构 70 万个，和为组织公益即特定的人服务的互助类机构 54 万个。

3．信托组织

美国的信托组织包括信托形式的企业法人和信托形式的非营利组织。信托是源于英国法的概念。简单说来，可看作一种产权分拆运作的制度。财产所有人（信托创立人）将财产所有权转移给受托人，并声明受托人为某人（受益人）的利益或某些特定目的管理、处分该财产。信托财产必须与受托人自己的财产分开；受托人对受益人负严格的法律责任。美国的信托制度和英国有所不同，但基本概念是相通的。两国都承认在一定条件下，信托成立不必以书面合同为要件；即根据衡平的责任原则，为不使财产管理人钻法律空子霸占财产或造成其他不公，法律可以拟制[①]信托，保护受益人（实质权利人）的利益。

非营利信托机构资产一般来源于遗产捐赠，捐赠人明确其慈善宗旨以保证其资产用于公益事业。信托制度的存在使美国没有大陆法系国家“财团法人”分类，但是仍然有类似性质的基金会得以良好运作。

二、促进非营利组织发展的税收制度

促进非营利机构发展的税收机制是由多方面的税收制度构成的。除了非营利机构本身可以免税，至少还包括遗产征税和捐赠免税制度。遗产征税使富豪们无法将遗产全部留给子孙，从而激励其选择捐赠的方式；而捐赠免税则从正面对捐赠行为予以鼓励。这一反一正的税收激励大大促进了慈善

① 法律术语，相对于自然生成而言。例如，根据法人拟制说，法人即为拟制人格。

事业的发展，为非营利机构开辟了更多的收入来源。

1．非营利机构的税收优惠

美国的税收包括联邦税和州地方税，联邦税收通常比地方税收要多，因此对于非营利机构获得联邦免税权是非常重要的。联邦税法中对非营利机构明确规定了免税条款，分为所得税、财产税及失业税等不同税种。只要通过了国内税务总局的资格审查，非营利机构就可以享受这些税种的全额免税。

所得税免税是指具有免税资格的非营利机构，其有关非营利目的的经营收入可以免除税收；财产税免税是指该非营利机构拥有的土地、房产等资产可以免交土地税和房产税；失业税免税是指非营利机构无需缴纳一般企业法人必须按雇员数量向政府缴纳的失业保障税。国会还通过法案降低非营利机构邮件的邮寄费用，这也相当于一种变相的税收优惠。

此外，各州的政府在地方税上对非营利机构也有一些优惠条款。加利福尼亚州就规定，对于通过了联邦税务部门免税资格审查的非营利机构，可以免除其消费税。

2．遗产税制度

美国已经建立起来了一个比较健康、完善同时也适时调整的遗产税制度，能够比较合理地调节社会财富的分配与流向。目前的税法规定，遗产税的起征点为67.5万美元，随着遗产数额的增加税率逐渐提高，最高可达55%。高额的遗产税促使富人们与其缴税，还不如捐出来“留名”。

国会曾经多次就减少或废除遗产税开展讨论和投票。当初小布什总统上台后，曾开出减税方案，并主张废除遗产税，以避免重复课税。但是包括盖茨在内的一千多名富豪连署签名，公开反对布什废除遗产税的计划。因为在他们看来，赋税是目前美国财经体系、司法系统和协助下一代成功致富的基础，所以遗产税是项公平赋税，是一种属于社会责任的税，因此不能废除。这从另一个角度说明了遗产税制的积极作用和稳定性。不过，特朗普的新一届美国政府再次提出要取消遗产税，但是结果如何还需继续观察。

3．捐赠免税制度

美国已经形成了一套行之有效的慈善捐赠制度，其中最主要的就是捐赠免税制度和捐赠信息披露制度。前者对捐赠者直接提供激励，而后者则解决了“如何捐赠”和“应该给谁捐赠”的问题[①]。

在个人捐赠方面，税法规定，允许私人慈善捐赠作为个人开支从其“经过调整后的毛所得”（AGI）[②]中扣除。除此，按照联邦所得税法，个人捐赠不仅可以从所得中扣除，还可

① 在美国有专门民间独立机构负责捐赠信息披露，比较著名的如全国慈善信息局，详细介绍见下文“行业监督”。

② 注：“经过调整后的毛所得”（adjusted gross income，简称AGI），是在个人的全部所得中扣除不予计列的项目后，再减去必要的费用开支，即得出AGI。

以实行一定的免税，例如短期收益所得的捐赠免税金额以个人所得的5%为限，长期收益所得的捐赠免税金额以当年所得的30%为限，当年捐赠超过限额部分可以递延未来5年中申报，将财产捐赠给学校免征遗产税等等。比如在加州，假如一个人收入了200美元，按照正常税率，只能拿到116美元；如果捐赠了100美元，另外100美元免税的话，实际的收入就是100美元；相当于只捐出了16美元，却能够得到捐赠100美元的声誉[①]。

在企业捐赠方面，联邦税法规定，准予税前扣除的部分可达年度应税所得的10%。也就是说，企业捐赠的资金在企业所得税应税金额的10%以内的部分，一般是可以免税的，这无疑对企业捐赠行为有着很大的促进作用。

三、非营利机构的监督管理体制

尽管成立一个非营利机构在美国并不是一件困难的事情，但是政府和社会力量对非营利机构尤其是免税机构的监管却是非常严的，已经形成了一个多层次的监管体系，包括政府监管、司法监督、行业监督以及媒体与个人监督等。

1. 政府监管

政府的监管主要体现在对免税非营利机构的资格审查和

① 此例取自北京大学闵维方的一次会议发言。

行为监督上。美国的非营利机构都可以提出免税申请，但是审批是比较严格的。尽管51个州均有立法权和独立行使的法律，但只有联邦税务局才有权认定非营利机构的免税资格。

新建或现有的机构欲登记注册和被确认为免税时均需填写共9页的1023表，并需完全以以下各项为宗旨：慈善、宗教、教育、科学、文化事业；为公众安全所做的试验；促进本国或国际业余体育竞赛；防止对儿童、动物施加暴力。在填写1023表以及附后的说明时均须对表中各项内容的真实性负责，即组建的和运行的机构完全是为了上述所规定的一个或多个目标的机构，机构净收益的任何部分均不能用于私人持股或分配给个人等。除了要如实填写联邦税务局要求的1023表外，还需填写所在州的州税务局的相应审查表格。在填写1023表时须填写或出示的资格有：一份机构章程的复印件或信托的法律文件，章程执行的所有细则，该机构的雇主社会安全号，机构的收据和支付收据的证明，机构的资金平衡表，机构的其他财务信息，包括两年内新组成机构的目标预算，一份获准延长财产税期限的执行件等。

为获得免税资格，提出申请的非营利机构必须通过组织测试和运行测试。所谓组织测试，就是对这个机构的工作目标按照联邦税法的501C3条款进行逐一审查，看其目标是否符合免税的要求；所谓运行测试，是对这个机构的活动进行审查，看是否存在为私人谋利的腐败现象或从事某种被禁止的政治活动。

非营利机构在获得免税资格后，仍然要随时接受联邦税务局的监督和调查，一旦出现了与非营利目的不一致的活动，随时有可能被取消免税资格。例如对于私人基金会，法律规定每年至少要将其资产的5%用于捐赠，否则将强行扣税；如果私人基金会持有一家公司的股票超过其资产的35%，或者持有、控制同一公司的股票超过51%，就必须卖掉多出的部分。同时，税法还在关于公司所得税的制度中明确规定：所有免税机构营利性活动所得都必须缴纳所得税。

除了税收监督，许多非营利机构中还有政府的代表直接出任董事会或理事会成员，对非营利机构的重大举措和变动直接行使投票权。

2．司法监督

司法监督重点在于避免非营利机构财产尤其是慈善信托组织的慈善财产的流失。负责进行司法监督的一般是各州的司法部长和相关管理部门。州司法部长代表着公共利益，其职责是依据公众投诉调查和审计慈善机构，调查其负责人或财产受托人的资金挪用或贪污等违法行为。如果出现了非营利机构领导人由于腐败行为造成慈善资产流失，州司法部长可以依法控告并要求违法者赔偿损失，流失资产由司法部长负责追回并返还给非营利机构。

在许多州，有专门机构配合司法部长的工作，比如州慈善信托登记处和慈善信托法律与审计部。慈善信托登记处负责收取和处理非营利机构提交的财务报告等信息，负责接待要求查看此类文件的公众，还要记录来自公众对非营利机构的投诉并转交慈善信托法律与审计部处理。后者由律师和审计师组成，具体负责对于非营利机构财产的滥用和欺诈行为以及管理失误进行调查和审计，其调查结果将移交地方法院。这个部门还负责审查实施有关非营利机构合并、财产出售、人员待遇、机构借款以及章程修改等项事宜。州司法部长负责指导这两个部门的工作，根据登记处提供的投诉信息督促法律与审计部开展调查。

3．行业评估与行业自律

行业监督包括独立民间非营利评估机构的评估和行业内协会的行业标准、认证等制度。美国最著名的民间独立评估机构莫过于“全国慈善信息局”（NCIB）。NCIB 成立于 1918 年，其宗旨是披露捐赠信息，尤其是受捐非营利机构的信息，以帮助公众辨别并选择。NCIB 最主要的工作就是对从事慈善活动的非营利组织进行评估。NCIB 制定了一系列包括治理结构、措施与方案细则在内的慈善机构行为准则，并依据此准则对慈善组织的非营利性质进行评估。NCIB 的公正性和权威性得到了普遍认可，大部分想获得捐助的非营利机构都会向 NCIB 提出评估申请。他们需要填写有关报表，然后由 NCIB 工作人员核对填写内容的真实性，并出具最后的评估报告，以供捐赠者参考。类似的机构还有“更好商务局委员会（CBBB）”和“福音教会财务责任委员会”等，其中 NCIB 与 CBBB 已经合并并更名为“BBB 明智捐赠联盟”。

还有一些非营利机构的行业内协会和联合会，比如美国基金会理事会是各个基金会的联合组织，由各大基金会的负责人构成；再如全美基金募集协会，是由许多募集基金行业组织共同组成的。这类业内协会负责制定本行业行为准则，并负责监督各会员组织的执行情况，对违规的非营利机构将做出相应的处罚。

4．媒体和个人监督

媒体包括纸媒介媒体和互联网，一旦非营利机构出现可疑行为，无孔不入的记者就会立即做出相应报道。如果被质疑的非营利机构无法证明自己的清白，即使司法人员不介入，该组织也会因此失去公众信任从而失去收入来源。一般民众如果发现某一非营利机构存在不法行为，可以立即向所在州有关部门投诉。在互联网非常发达的今天，网上投诉已经成为大多数公众的最佳选择。

四、非营利机构的退出机制——解散制度

除了破产或被提起诉讼强制解散，非营利机构在不愿意

继续从事该组织规定的公益或互益事业时，可以提出自愿解散。各州的非营利公司法或非营利组织法都规定了相应的解散条款。一般来讲，没有成立董事会的非营利机构，可以由多数初始注册人共同签署文件提出自愿解散，并通知司法部长，在司法部长无异议后发表解散声明，并将有关资料在州政府办公室备案，解散即生效。已成立董事会或理事会的非营利机构，先要由董事会或理事会的大多数成员赞成解散从而批准解散计划，再由全体成员大会表决并通过解散计划，方可以将解散计划通知政府部门并最终生效。

大多数州的《非营利公司法》[1]还特别规定，非营利机构在偿清债务后的剩余资产不得随意分配或转让，而要按照原财产的使用目的和意图，或者按照最初捐赠者的目的和用途转让给其他非营利机构，或暂时由政府代管。

① 一些州还有专门制定的《非营利组织法》。

美国的产业技术安全保障机制

产业技术的发达程度与国家安全和国家重大利益息息相关。产业技术，尤其是军民两用技术的国际转移将直接影响技术输出国的军事安全和经济安全，从而影响国家安全和利益。基于这种考虑，美国政府非常重视产业技术的保护，先后颁布了一系列法规、政策，采取了比较严厉的措施保护本国的先进产业技术。技术出口管制、外资并购审查、《经济间谍法》和安全调查机制共同组成了有力的产业技术安全保障机制。

一、技术出口管制

美国建立了一套严密的技术出口管制制度，并成立了专门的组织机构对本国技术的出口进行监督。

（一）法律框架

美国的出口管制制度的主要法律基础为国会通过的《出口管理法案》（EAA，Export Administration Act）和美国商务部根据该法案制订的《出口管理条例》（EAR，Export Administration Regulations）。此外，美国还有一系列与武器及其技术出口管制相关的法律，包括美国1976年制订的《武器出口控制法》（AECA，Arms Export Control Act）和

1954 年制订的《原子能法案》（AEA，Atomic Energy Act）。《武器出口控制法》主要针对可能导致他国军力增长，进而影响国际均势，有害于美国安全的军用物资、装备和技术出口进行管制；《原子能法案》主要管制有关核物资与技术的出口。除上述三项法律依据，美国政府还会视国际政治、经济环境的变动而制订新的法案作为技术出口管制的法律依据。如 1976 年，美国为了应付紧急情况的需要，保障国家安全，由国会制订了《国际危机经济权力法案》（IEEPA，International Emergency Economic Power Act of 1976），该法案授权总统在美国面临危急情况下或受到非常威胁时，实施出口管制或贸易禁运等措施。

（二）管制原则

美国《1988 年出口管理法修正案》第三章的“政策声明”明确指出，出口管制政策应遵循以下三条基本原则：

1. 国家安全原则。限制可能加强其他国家或国家集团军事潜力，从而对美国安全有不利影响的货物或技术出口。除确保美国的国家安全，经济安全也日益成为美国技术出口管制关注的重点领域，美国希望通过技术出口管制，保持本国的经济健康和产业竞争力。

2. 对外政策原则。为进一步加强美国对外政策或履行所宣布的国际义务，必须限制某些货物与技术的出口。

3. 短缺供应与抑制通货膨胀原则。主要是对货物的管制，与技术出口管制的关系不大。

（三）管制对象

美国的出口管制清单按用途属性可分为三类：纯军事用途产品和技术清单；军民两用产品和技术清单；纯商用产品和技术清单。其中军民两用产品清单主要包括10个大类，分别为：核材料、设施与设备；材料、化学、微生物、生化毒素；材料处理技术；电子技术；计算机技术；通讯与信息安全技术；传感与激光技术；导航或航天技术；海洋探测技术；推进系统、空间探测技术及相关设备。

根据美国商务部《出口管理条例》的规定，以上管制清单内的产品或技术出口都要事先向商务部申请出口许可证。1977年国会修改《出口管理法》之后，出口管理扩大到所有由美国管辖下的人所出口的任何货物和技术。即行使域外管辖权，对美国公司在海外的子公司的产品或技术均实行出口监督与管理。

《出口管理条例》对“技术出口”的定义是具有下列6个方面之一的活动：

1. 技术资料事实上运出美国；

2. 在知道技术资料将运往国外的情况下仍提供该资料；

3. 在国外交出源于美国的技术资料；

4. 外国人亲自考察美国制造的设备、设施；

5. 在美国或者外国口头交换技术情报；

6. 将在美国获得的个人知识或者技术经验用于国外。

（四）执行机制

美国高技术出口管制的组织框架既完备又复杂。美国的民用技术和军民两用技术主要由商务部负责管制，军用技术则由国务院会同国防部进行管制。当技术出口涉及具体领域时，美国其他部门也会参与到管制决策中来。如核技术管制主要由“核管制委员会”（Nuclear Regulation Commission）与能源部负责。另外，在出口管制的执行方面，美国的各部门、海外代表处甚至国内情报部门也会参与进来，形成一个以商务部为主导的严密网络，共同执行美国的出口管制政策。

商务部是《出口管理法》指定的管理部门，有权对民用技术和军民两用技术的出口进行终裁。商务部下设工业安全局（BIS，Bureau of Industry and Security），专职处理一切出口管制业务。该局下设贸易战略与外交政策控制、产业战略与经济安全、不扩散控制和条约履行、出口服务、出口执法、执行分析、反联合制裁等 7 个办公室，此外 BIS 还设有与国会沟通和处理公众事务的办公室、首席律师办公室、不扩散出口控制小组、国际合作办公室等机构。

在具体执法过程中，BIS 与美国国防部等部门保持密切合作，特别是在军民两用技术的出口审查方面，国防部有权对“由于国家安全目的而对向其出口进行管制的国家”的任何许可进行审查。美国国防部还直接参与军用技术的出口管制，虽然军用技术的出口直接由国务院颁发出口许可证，但国防部在军用技术的出口审查方面拥有很大的发言权，可以直接参与军用、军民两用技术出口的审查，并负责制订有关军用和军民两用技术出口的政策方针、管制清单和审议机制。

二、外资并购审查

外国资本并购美国企业常常会造成产业关键技术的对外转移，可能会影响到国家安全，一些与军事相关的技术甚至很可能造成直接影响。所以，美国政府对外资并购审查非常重视。

（一）法律依据

为消除外资并购对美国国家安全造成的负面影响，完善对外资并购的国家安全审查法律，1988 年 8 月 23 日，美国国会通过了《1988 年综合贸易与竞争法》第 5021 条，修正了美国《1950 年防务产品法》第 721 条，即《埃克森－佛罗里奥修正案》(Exon-Florio Amendment，以下简称 E-F 条款)，它授权美国总统可以延缓或禁止威胁美国国家安全的针对一家美国公司的任何外国并购行为。判断标准有两项。一是有充分证据表明该外国机构实施并购将威胁到美国国家安全；二是除了美国《国际紧急经济权力法》(the

International Emergency Economic Powers Act），其他法律法规无法保证提供足够和适当的权限来保护美国国家安全。近年来，美国频频使用 E–F 条款，对外资并购实施国家安全审查。

除 E–F 条款，还有《外国人兼并、收购和接管的规则》（Regulations Pertaining to Mergers，Acquisitions and Takeovers by Foreign Persons）等一些具体的规定。

（二）审查机构

美国外国投资委员会（CFIUS，Committee on Foreign Investment in the United States，以下简称“委员会”）成立于 1975 年，是根据“第 11858 号行政令”组建的负责监督和评估外国投资对美影响的跨部门机构。E–F 条款通过之后，美国总统指定委员会作为 E–F 条款的执行机构，负责对外资并购交易进行国家安全审查。

委员会主席由财政部长担任，共有成员 12 名，分别为财政部长、商务部长、国防部长、国务卿、美国贸易代表、经济顾问委员会主席、司法部长、管理和预算局长、国土安全部长、科技政策办公室主任、总统国家安全事务助理和总统经济政策助理。除财政部，国防部和商务部也发挥着至关重要的作用。国防部国防技术安全局作为委员会的对口机构，将国防调查局、收购办公室、国防后勤局等部门内部对外资并购交易国家安全审查的反馈意见收集、汇总和研究后，向委员会提出国防部的综合性意见和建议。国际贸易局作为商务部参与部门，具体负责涉及到军民两用产品和技术出口的相关审查。

（三）审查程序

根据E-F条款和《外国人兼并、收购和接管的规则》的规定，外资并购的国家安全审查分为申报或通报、审查、调查和总统决定四个阶段。

1. 申报或通报（Notification/Notice）

外资并购的国家安全审查，既可以通过并购的交易方向委员会主动申报，也可以通过委员会成员提交机构通报来启动。程序如下：

（1）申报并购。交易方本着自愿的原则，以书面形式向委员会主席提出申报。申报即可以在一项并购交易的进行过程中提出，也可在该交易完成以后提出。申报的主要内容包括并购交易的概括、并购方和被并购方的详细信息、是否符合相关法律规定等。对于并购方来讲，如并购交易可能会引起国家安全审查，考虑到委员会有权就已完成外资并购交易展开调查，并采取售让措施，为减少政治和商业风险，一般都会选择主动申报。

（2）通报委员会。委员会的任何成员如认为一项并购交易可能对国家安全产生不利影响，即可向委员会主席提交机构通报。委员会主席接到通报后，及时通知并购交易的双方。E-F 条款明确规定，并购方通过申报、委员会通过机构通报启动审查程序。

（3）申报撤回制度。外资并购的国家安全审查规定了申报撤回制度。并购交易方向委员会实行申报后，可以在总统做出决定之前的任何时候向委员会主席书面提出撤回申报的申请。撤回申报申请一经批准，申报即失效。并购交易方就并购交易可重新申报，委员会将其作为一项新的申报，登记新的档案号。如新的申报与原申报完全相同，委员会则采取 5 天的快速审查程序。

（4）承诺 / 协议制度。在外资并购国家安全审查的初期，并购方如就委员会所关心的国家安全问题做出某种承诺，从而有效地缓解对并购交易存在着的国家安全疑虑，委员会将终止外资并购的国家安全审查。在涉及到“外国人所有、控制和影响”等重大问题时，并购方则需要通过与委员协商，达成专门安全协议、安全控制协议、股权委托、代理协议等安排，对外国人涉密、经营管理等问题进行限制，以消除并购交易对国家安全的负面影响。

2. 审查（Review）

经过交易方的申报或机构通报，即进入审查阶段。审查期限为 30 天，时间从接受交易方申报、委员会主席收到机构通报或决定提起审查的第二天起算。如初审查期最后一天不是工作日，顺延到第一个工作日。

E-F 条款未明确限定“国家安全”含义，委员会在审查阶段，主要从以下五个方面来考虑：一是国防需要的国内产品；二是国防需要的国内工业的产能和产量；三是外国公民对可以影响到美国国家安全所需国内工业产能和产量的国内工业和商业行为的控制程度；四是与支持恐怖主义或扩散导弹技术及生化武器的国家进行军事物资、设备或技术交易存在的潜在影响；五是涉及美国国家安全并影响美国技术领先地位的交易的潜在影响。

委员会对并购交易的审查主要由秘书处协调，具体工作由相关成员机构来完成。

3．调查（Investigation）

委员会经过审查后将决定是否对外资并购提起调查。进入调查阶段并购案有两种情况，一种是根据《国防产品法》2170（b）规定，并购方被外国政府所控制或者并购方代表外国政府从事针对美国企业的兼并、收购和接管，从而对美国国家安全利益发生影响，此类案件属于必须经过调查的案件；另一种是在审查阶段未通过审查，并购方不愿撤回申请的案件。调查期限为 45 天。

委员会完成调查后，向总统提交报告，建议总统对该案采取行动。如果委员会成员就并购交易未能达成一致意见，委员会在给总统的报告中详细阐明各种不同的意见，供总统决策参考。据统计，截止 2005 年 2 月，自 E-F 条款实施以来，委员会共接受通知的案件1520多起，提起调查案件仅有24起。

4．总统决定（Presidential Determination）

美国总统在收到委员会的报告后，充分考虑并购涉及到国家安全的各种因素做出决定。如果总统决定根据规定对外资并购交易采取行动，必须在调查结束15天内宣布。根据E-F条款，总统有权对并购交易进行暂停或禁止，并有权指示司法部长在联邦地区法院采取恰当的救济措施。总统决定后，无论是否根据条款采取行动，委员会都应立即向国会递交书面报告，说明做出决定的内容和做出该决定的原因。

三、《经济间谍法》

《经济间谍法》是为了加强对侵犯商业秘密，尤其是国外经济间谍盗取美国产业技术秘密的惩罚力度而制定的。商业秘密所指的范围大于产业技术秘密，但包含后者。商业秘密（trade secrets）就是未公开揭示的能够为其所有者提供竞争优势的信息（undisclosed information），它包括一切形式和类型的商务、管理、财金、科技、工程和营销信息。

美国产业安全协会发布的研究报告表明，由于知识产权盗窃和盗用引起美国产业的损失每年高达630亿美元之多，高技术产业每宗商业秘密窃案平均损失在1900万美元以上。为此，1996年美国制定了《经济间谍法》，以加强对本国企业商业秘密的保护。

（一）立法意义

纵观《经济间谍法》，其目的就在于制裁侵犯美国产业技术秘密的经济间谍。与《统一商业秘密法》等法律不同，《经济间谍法》更注重从国家安全角度保护商业秘密，它把侵犯商业秘密行为看作是对自己国家经济利益的损害，这不但体现在经济间谍罪的规定上，而且体现在一般的盗窃商业秘密犯罪当中。如1831条开宗明义，强调本条款适用于“有益于外国政府、外国机构或外国代理人”的犯罪行为，针对性非常强；1832条也强调了“犯罪有损于其产品是为州际、国际贸易生产或产品处于该贸易中的商业秘密的所有人”。这表明《经济间谍法》是针对影响国家安全的侵犯商业秘密行为而制定的。

（二）对犯罪行为的认定

《经济间谍法》涉及的犯罪行为有两种，一是经济间谍罪；二是侵犯商业秘密罪。前者针对有益于外国政府、外国机构或外国代理人的犯罪；后者针对有损于从事州际、国际贸易和生产的商业秘密所有人的犯罪。

两罪的认定条件类似，即故意实施下列行为：

1. 盗窃商业秘密，或者未经许可侵占、取得、带出、藏匿商业秘密，或者以伪造、阴谋、欺骗手段，获取商业秘密；

2. 对商业秘密，未经许可抄写、临摹、复制、草绘、绘制、拍摄、下载、上载、改变、破坏、影印、传送、递送、托送、邮寄，或用通讯或口头传递；

3. 知道商业秘密是未经许可盗窃、侵占、获取或传递的结果，仍然接受、购买或占有该商业秘密；

4. 上述 1、3 项行为的预备行为；

5. 上述 1、3 项行为的共谋行为。

由上述条文可见，该法律对商业秘密的界定范围是非常广的，包括任何有形与无形的资料。如何判断该资料是否为商业秘密，有两个条件：一是该资料的拥有者实施过合理保护此资料的措施；二是资料有商业价值，且未经公开，不为外界所知悉。

除此，该法尚有两部分是对一些活动的规范，而这些活动可能在除美国的其他地方都不会构成犯罪行为。第一，禁止“意图”窃取商业秘密，也就是说，某人试图窃取商业秘密，即使未成功也会遭到起诉；第二，禁止“共谋”窃取商业秘密，参与者超过一人则成为“共谋”。在美国的法律下，如果有两个以上的人合意犯罪，而且也采取了进一步行动来进行犯罪，则会被以“共谋”罪名来起诉。

（三）对犯罪行为的惩罚

经济间谍法的特征之一是处罚严重，包括监禁、罚金和没收侵权或帮助侵权所得的任何财产或所得。当有证据表明侵权损害继续进行时，权利人有权要求政府采取行动强制侵权方停止侵权，减少损失。

1．监禁、罚金

依照此法既可以起诉个人，也可以起诉公司体。在美国法律下，公司是可以被刑事起诉的，它必须对其所属员工的犯罪行为负责。一个公司只要有一个员工犯罪，整个公司就要承担犯罪的责任。经济间谍罪和窃取商业秘密罪在美国都属于重罪，其惩罚力度如下表所示。

表　经济间谍法规定的监禁、罚金

罪名		最高徒刑（年）	最高罚金（美元）
经济间谍罪	个人犯罪	15	500000
	组织犯罪	—	10000000
侵犯商业秘密罪	个人犯罪	10	250000
	组织犯罪	—	5000000

资料来源：根据美国《1996 年经济间谍法》整理。

2．没收违法所得

第 1833 条规定，除其他处罚，应责令犯罪者向美国政府清缴下列犯罪财产：犯罪人直接或间接获得的、构成或来源于作为犯罪结果收入的任何财产；法院根据案情，考虑性质、范围和比例所认定的在犯罪过程中以任何方式使用或企图使用的犯罪人的财产。

（四）执法机构

《经济间谍法》属于联邦法律，由联邦执法机构负责执行。其中起至关重要作用的还是联邦调查局。该法赋予美国联邦调查局很大的权力，包括采用诱饵侦破、秘密起诉等多种手段进行调查活动。

四、安全调查机制

安全调查机制主要针对外国高技术企业，以防竞争对手进入美国市场，从而进一步获得美国技术。2011 年 11 月至 2012 年 10 月，美国众议院专责情报委员会（HPSCI）对华为、中兴等企业展开了为期一年的安全调查，并最终认定中国企业对美国构成安全威胁。其主要运作机制如下：

（一）HPSCI 的主要功能和调查执行程序

HPSCI 是美国国会众议院的特别常设委员会之一，该委员会的主要职责是监督美国情报共同体（U.S.IC）的行为，这个情报共同体的成员不仅包括美国政府所属的与情报工作相关的 17 个机构，也包括美国军方的情报机构。按照 HPSCI 行为准则的规定，只要该委员会主席经与少数派领袖协商后同意，就可以发起安全调查行动。HPSCI 主席有权指定数名委员会成员或相关工作人员来组成调查小组，具体执行某一项调查。调查程序包括初步评估、要求被调查方提供资料、与相关机构面谈、举行听证会等一系列步骤。调查结果将以安全调查报告的形式发布，尽管并不能直接对政府机构形成法律约束，但其潜在的影响力不容忽视，对外国企业进入美国市场将产生很大的阻碍。

（二）HPSCI 将网络安全视为涉及国家安全和经济利益的重大问题

美国 2007 年颁布的《外国投资与国家安全法》（FINSA）将“国家安全”解释为包含“国土安全”（homeland security）相关的情况，其中包括关键性基础设施（critical infrastructure）的应用。HPSCI 将信息网络安全视为美国全部关键基础设施安全的核心部分，并在其于 2012 年 10 月发布的对华为和中兴的调查报告中指出：“网络威胁带给美国国家安全和经济利益的风险是一个不可否认的重大问题”；“国家对电信基础设施的依赖不仅仅是大家可以使用计算机而已，事实是多个重要的国家基础设施系统都需要通过电信网络来进行互联和信息传输和交换。这些基础设施包括电力、金融、天然气、石油、水利、铁路和航运通道等等，每一个这样的系统都是高度信息化的。这些系统之间的互相依赖性极大地增加了一个系统出故障导致其他系统也出现故障或崩溃的风险”；“电信网络的崩溃会导致对现代美国人民的生活出现灾难般的影响”。

（三）HPSCI 安全调查的核心关注点

HPSCI 并没有对安全调查的内容和重点做出明确规定，

主要是依据已有的法律法规进行调查。其核心关注点在于保证政府系统的信息安全，保障信息网络基础设施的长期安全稳定运行，以及阻止外国政府补贴等不公平竞争行为。HPSCI 对华为、中兴重点调查了这两家企业与中国政府的关系，即背景调查。具体问题包括：一是与中国党政部门的联系，包括公司高级管理人员是否曾在中国政府任职以及是不是党员、公司内部党支部的地位和作用等；二是中国政府的融资支持，包括为什么能够获得超过年收入金额的优惠银行贷款、中国政府提供了哪些融资优惠措施等；三是中国政府的研发支持，包括从中国政府处获得多少特定补贴与资金、这些资金对公司在美国开展活动提供了哪些支持、除资金中国政府还提供哪些研发支持等；四是是否被中国党和政府要求代表政府执行任务或搜集信息、是否为中国政府或军方开发任何产品等。

（四）HPSCI 调查的结论及建议

HPSCI 安全调查报告的结论是：华为和中兴为美国关键基础设施提供设备，存在损害美国核心国家安全利益的风险。并提出了五点建议：一是建议政府情报机构保持警惕，建议美国外国投资委员会必须阻止两家公司在美的并购行为，还建议美国政府系统不能采购华为或中兴的设备。二是提醒私营部门要考虑采购华为、中兴设备和服务所存在的长期安全风险。三是建议国会及政府相关机构调查中国企业的不公平贸易行为，尤其关注中国政府持续的财政补贴。四是要求中国公司加快实现公开、透明。五是建议国会考虑以立法措施来防范关键基础设施建设中带来的安全风险。

产业技术优势是未来美国保持全球领导地位的核心竞争力，上述庞大的防止技术外流的法律法规和执行机制在其中发挥了显著作用。特朗普新一届政府上台后，这种技术封锁的趋势只会加强而不可能削弱。拭目以待的同时，需要做好应对的准备，同时对国内产业技术领域的投入也应该有针对性地加强。

美国发展燃料乙醇的起因、政策与启示

尽管世界原油价格出现了走低趋势，但是生物燃料乙醇作为一种新兴的生物能源，在世界范围内发展仍非常迅速，需求量以每年约 5%-10% 的速度增长。美国是世界上最大的车用乙醇汽油生产和消费国，已经有 50 个州在推广使用车用乙醇汽油。美国燃料乙醇的生产量和消费量逐年上升，似乎没有受到页岩油等新能源的太多影响。2015 年，美国燃料乙醇产量达 4422 万吨，占全世界产量的 58%。美国燃料乙醇的原料 95% 为玉米，全美玉米产量的 40% 左右都用来生产燃料乙醇。20 世纪 70 年代的世界石油危机和 1990 年 11 月通过的“清洁空气法修正案”，是美国燃料乙醇发展的两个主要时期。

美国是一个市场比较自由、法律环境相对健全的国家，政府对于某一项技术、某一个产业的发展要经过很严格的决策过程，但是一旦决定，就会在相当长时期内持续推动该项技术和该产业前行。美国发展燃料乙醇产业的经验值得我们思考与借鉴。

一、美国发展燃料乙醇的历史背景和起因

首先，石油资源短缺要求调整和优化能源结构，这是美

国发展燃料乙醇的大背景。虽然美国在全球能源格局中一直占据主导地位，但是一则因此耗去大量的人力物力，二则中东地区局势始终错综复杂，难以得到根本解决。直至2006年，美国总统布什在国情咨文中仍强调：“我们存在的严重问题是沉溺于对来自世界不稳定地区石油的依赖”，“新技术的突破可以帮助我们实现一个宏大的目标，即到2025年替代我们75%从中东进口的石油”。因此，美国政府自70年代末石油危机爆发以来，一直坚持以多元化能源逐步替代石油能源的基本战略，而以燃料乙醇为代表的生物能源则是替代能源的主体之一。这是美国政府一直大力推动燃料乙醇产业发展的根本原因。

其次，必须寻找经济可行的方式来缓解环境问题，发展燃料乙醇是一种重要的解决办法。《东京议定书》要求世界40多个主要工业国家，在10年之内将温室气体的排放量减少到1990年的水平。美国出于本国利益考虑一直拒绝批准《东京议定书》，但是作为世界温室气体排放最多的国家，美国政府一直面对着来自国内和国际上的巨大压力。他们不希望因减少能源使用而影响经济发展和美国人的生活水平，但是又必须改善环境状况。发展燃料乙醇无疑是满足这一政策目标的重要途径。燃料乙醇对减少排放有着明显的作用。汽油中加入热值较高的乙醇后，能够促进汽车燃料充分燃烧，减少一氧化碳和二氧化硫等污染物的排放，改善大气质量，改善温室效应。同时，发展燃料乙醇还具有一定的经济可行性，既有利于经济发展，又有利于环境改善，确实是一种较好的选择。

再者，美国耕地资源丰富，玉米产量世界第一，是发展燃料乙醇的基础保障。美国国土总面积为96291万公顷，其中耕地达19745万公顷，占世界耕地总面积（150151万公顷）的13.15%，是世界上耕地面积最大的国家之一。人均耕地0.7公顷，是世界人均耕地（0.23公顷）的2.9倍。由于农业生产效率高，农产品生产过剩，美国采取了土地休耕制度，一旦国际市场缺少粮食，休耕的土地会很快恢复耕作投入使用。而且美国耕地复种指数很低，多数土地每年仅耕种和收获一次粮食。同时，美国是世界最大的玉米生产国，玉米出口量占世界出口总量的三分之二。正因为有这些农业资源的保障，美国才能大规模发展燃料乙醇产业。尽管如此，近年来燃料乙醇产业仍受到了玉米价格上涨、供给日趋紧张的影响。

最后，发展燃料乙醇客观上对于提高农产品附加值、调整农业结构，对于增加就业机会和国民收入都有一定的带动作用。美国农业人口只占总人口的2%，但农业是全国最大的优势产业，为农业提供各种服务的人数占社会总就业人数的10%。发展乙醇汽油可以有效解决粮食深加工问题，使粮食由农业作物向经济作物转化，调整农业结构，并带动相关产业的发展。有学者研究过2004年的数据，结果表明美国乙醇生产企业带来了251亿美元的GDP、13亿美元的联邦税收和12亿美元的地方政府税收，并创造了14.7万个就业机会，使平均家庭收入增加了44美元。

二、美国发展燃料乙醇产业的思路和做法

基于上述原因，经过慎重决策，美国政府自20世纪70年代末期决定推动燃料乙醇产业发展，推广燃料乙醇的普及应用。在这种比较典型的自由市场经济国家，促进某一产业发展主要依赖于私有企业的积极参与。要吸引企业参与，就必须以政策措施保证燃料乙醇生产的财务可行性，使其有利可图。美国与燃料乙醇相关的制度和政策都是围绕这一思路制定的。

（一）确定能源战略，通过政府计划推动产业长期发展

确定能源战略是发展生物燃料乙醇产业的前提和重要保障。具体的政策措施都要围绕长期战略来进行。在发展战略指导下，制定政府计划和政策，通过支持研发和减免税收鼓励企业积极参与，推动产业发展。

自发展燃料乙醇以来，主要有两个大的战略：

一是20世纪70年代末开始实施的以乙醇部分替代石油的战略。1979年，为减少对进口原油的依赖，联邦政府制定了“乙醇发展计划”，开始大力推广使用含10%乙醇的混合

燃料，并制定了相关法律和扶持政策，对车用乙醇汽油的生产和使用给予财政补贴。由于联邦政府的补贴，乙醇汽油可以在许多地区购买到，价格比无铅汽油还低。其后的 20 多年里，美国燃料乙醇产业呈现出持续发展的良好势头，没有出现“打摆子”的情况。进入 21 世纪以来，发展速度更加迅猛，年均产值增长率大大超过了上个世纪。

二是逐步将纤维素乙醇发展成为有竞争力的汽车燃料。尽管美国玉米产量很大，但是毕竟大规模生产燃料乙醇耗去了大量的玉米。同时，由于很多国家一直依赖美国出口的玉米，因此发展燃料乙醇造成的玉米价格上涨不仅对美国本土的燃料乙醇生产企业有很大影响，也引起了其他国家的恐慌和不满。为此，不以粮食为原料的纤维素制乙醇技术成为美国燃料乙醇产业的未来发展方向。2006 年 1 月，美国总统布什在国情咨文中宣布将实施“先进能源计划”，旨在通过技术创新来建立一个利用基于生物技术的先进能源社会，从而解决对石油过度依赖的问题。该计划要求在 10 年内使美国的汽油消费量减少 20%（又被称作 10–20 计划），在 6 年内使纤维素乙醇具备商业化条件。按照该计划，美国政府将投入巨额资金支持纤维素乙醇研发，并继续进行税收减免。

（二）以立法形式保障产业发展的长期稳定性

美国在发展燃料乙醇的过程中，多次出台法案，保证了该产业长期发展的稳定环境，也降低了企业界参与的风险。

比较重要的法案包括：

★ 1978 年《能源税收法案》：第一次提出乙醇汽油概念，定义为至少含有 10v%[①] 乙醇的汽油，而且这里的乙醇不能提取自石油、天然气和煤炭。政府为鼓励乙醇汽油的使用，免除乙醇汽油 4 美分 / 加仑的消费税。

★ 1990 年《“空气清洁法”修正案》：要求从 1992 年冬季开始，美国 39 个一氧化碳排放超标地区必须使用含氧量不大于 2.7m% 的含氧汽油（相当于添加 7.7v% 乙醇），从 1995 年开始，美国 9 个臭氧超标地区使用新配方汽油。

★ 1992 年《能源政策法案》：针对另外两种乙醇汽油（5.7v% 和 7.7v%）做出了相关规定。将含有 85v% 以上比例乙醇的调和燃料定义为交通运输替代燃料[②]，要求特定车队购买可以燃烧 E85 的车辆，并规定购买和改装使用替代燃料的车辆以及零售替代燃料的企业可享受联邦税收减免。

★ 2005 年《新能源法案》：包括一个 180 亿美元的能源税收减免计划，鼓励使用乙醇类能源。提出到 2012 年要使每年利用燃料乙醇或生物燃料的数量达到 75 亿加仑，同时提出为防止地下水污染，将自 2015 年起禁止在汽油中添加甲基叔丁基醚（MTBE）。

---

① 是指体积百分比，下文中的“m%”是指质量百分比。

② 根据美国运输部和环保署资料，目前美国有 400 多万辆汽车既可燃烧普通汽油，也可使用 E85。

（三）充分利用政策工具支持燃料乙醇生产企业

美国生产燃料乙醇采用的原料有 95% 是玉米，虽然美国是玉米生产大国，但是玉米制乙醇的成本一直较高。相比巴西用甘蔗制乙醇的成本，美国的玉米制乙醇每升生产成本要高出 50% 以上。如何解决燃料乙醇生产的财务可行性，吸引企业进入乙醇产业，是摆在政府面前的一个关键问题。美国联邦及各级政府部门采取了多种方式支持燃料乙醇生产企业，成效显著。

1．对企业尤其是中小企业实行所得税减免

为鼓励小型农场主生产燃料乙醇，小型企业可享受部分减免所得税：生产能力在 3000 万加仑 / 年（相当于 9 万吨 / 年左右）以下的小企业，每年可享有 10 美分 / 加仑的所得税减免，但每年最多减免到 1500 万加仑；超过 1500 万加仑 / 年的企业每年最多减免 150 万美元的所得税。目前正计划立法将规模扩大到 6000 万加仑 / 年（相当于 18 万吨 / 年左右），税收减免幅度增加到 3000 万加仑，即最多每年可减免 300 万美元的所得税。

2．对新建燃料乙醇企业给予一次性财政补贴

从 2000 年开始，美国联邦政府对新建燃料乙醇企业进行一次性补贴。2003 年财政拨款 1.155 亿美元、2004–2006 年财政拨款 1.5 亿美元用于新建燃料乙醇生产企业的专款补贴。对于生产能力在 6500 万加仑 / 年（相当于 20 万吨 / 年

左右）以下的燃料乙醇生产企业，在投产当年按生产能力计算，每消耗 2.5 单位原料政府补贴 1 单位原料费用，生产能力在 6500 万加仑 / 年（相当于 20 万吨 / 年左右）以上的燃料乙醇生产企业在投产当年，每消耗 3.5 单位原料，政府补贴 1 单位原料费用。

3. 加大政府对研究开发活动的投入

以纤维素乙醇研发为例，目前由于纤维素乙醇还无法实现商业化，企业界虽然关注，但是对无利可图的投入不感兴趣。在这种情况下，美国政府决定加大对纤维素乙醇研发的资金支持力度，以帮助实现技术突破，早日进入规模化生产阶段。2007 年 1 月美国农业部宣布，作为政府 2007 年“农场法案”的一部分，计划投资 16 亿美元开发可再生能源，主要用于纤维素乙醇的研究和生产。2007 年 2 月，布什政府又要求国会在 2008 财年的政府预算中追加 44 亿美元用于高技术领域，其中 1.79 亿美元将用于研究以木屑和柳枝稷为原料生产纤维素乙醇（2007 年该项预算为 9200 万美元）。州政府也有一定的积极性，印第安那州政府宣布将拨出 200 万美元专款推动纤维素乙醇生产技术的开发。

4. 直接投资生产企业

2007 年 4 月，美国能源部宣布，将在 4 年内为 6 家生物精炼厂提供 3.85 亿美元的政府投资。这一举措成功地吸引了工业界的参与，政府和工业界的总投资将超过 12 亿美元。

州政府对乙醇产业也很支持，俄勒冈州政府宣布将自筹45万美元，以政府投资方式支持5个生物燃料项目。

5．为燃料乙醇生产企业提供贷款担保

1980年的《能源安全法案》提出，为小型乙醇生产企业（年产量小于100万加仑）提供贷款担保，每个项目额度为100万美元。2007年联邦政府又宣布，将为生产纤维素乙醇提供20亿美元贷款担保。

（四）鼓励使用燃料乙醇，创造和扩大需求

使用乙醇汽油会给用户带来一定的直接成本和交易成本，因此许多用户对使用乙醇汽油并不积极。美国政府为此采取了许多需求鼓励政策，以推广乙醇汽油的全面使用。

1．确立乙醇汽油概念，制定相应标准

自20世纪70年代末起，美国的法案中相继定义了不同掺合比的乙醇汽油，并继而制定了相应的标准，这是乙醇汽油使用的最基础条件。近期美国国会通过的法案中又提出了可再生燃料标准（RFS）。RFS要求在汽油中加入特定数量的可再生燃料，而且须每年递增。RFS要求近50%的汽油调和乙醇，典型调入量为10%。

2．联邦政府对使用乙醇汽油实行消费税减免

自1978年起，政府为鼓励乙醇汽油的使用，开始免除乙醇汽油4美分/加仑的消费税。此后，联邦政府对乙醇汽油消费税的减免一直在4–6美分/加仑浮动。

3．对调和进汽油的乙醇提供滚动补贴

随着乙醇生产规模的扩大，大型的厂商会取得规模效益，从而实现利润增长。但是由于原料价格变动等因素的影响，利润率也会出现一些波动。美国政府根据市场形势的变化，对燃料乙醇进行有限期的滚动补贴，补贴数额随产业景气情况变化。下图显示了近 30 年来补贴额的变动情况。1978 年，美国国内汽油价格为 0.65 美元 / 加仑，按照掺和 10% 乙醇计算，一加仑乙醇汽油补贴为 4 美分，约占汽油价格的 6%。如果乙醇掺和比例为 80%，补贴则为 32 美分，占到汽油价格的 50%。1980 年后，美国汽油价格逐渐从 1.3 美元 / 加仑上涨到目前的 2-3 美元 / 加仑甚至更高，补贴比例相比 20 世纪 70 年代就低得多了。

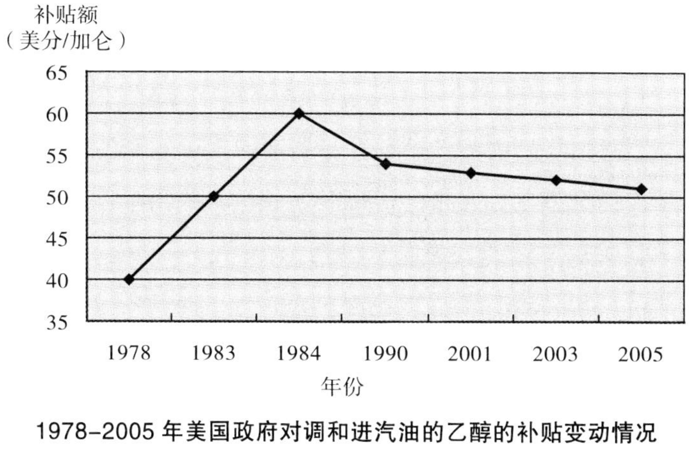

1978–2005 年美国政府对调和进汽油的乙醇的补贴变动情况

值得注意的是，这种补贴并不补给生产企业，而是补给分布在各大城市的生物燃料混配中心。原因是美国政府认为补贴进流通环节比直接补给生产企业更有利于加快燃料乙醇进入市场的过程。

4．禁用 MTBE 使燃料乙醇获益

美国燃料乙醇产业近年来得到发展，其中一个重要的政策基础就是淘汰原汽油配方中添加的甲基叔丁基醚（MTBE，一种汽油抗爆成份，可能会污染地下水）。1999 年，美国加利福尼亚州空气资源委员会规定从 2002 年 12 月 31 日起（后被推迟一年到 2003 年 12 月 31 日），禁止加州新配方汽油中使用 MTBE。纽约州也签署法案，规定从 2004 年 1 月起禁止使用 MTBE，2010 年全面禁用 MTBE。目前已有 20 多个州禁止使用 MTBE，燃料乙醇理所当然成为最环保的替代品。

5．利用关税壁垒和国际合作保障燃料乙醇需求

巴西出口到美国的燃料乙醇比美国本土生产的燃料乙醇更具市场竞争力。因此，1980 年美国国会提出对巴西乙醇征收进口关税。目前每加仑从巴西进口的乙醇要征收 54 美分的关税。2007 年 3 月，美国和巴西签署了两国乙醇燃料合作备忘录，决定建立战略联盟，寻求建立燃料乙醇的全球生产标准，共同推动乙醇燃料在国际市场上的推广和应用。

（五）采取多种措施解决原料供给问题

如前面所述，尽管美国耕地面积很大，玉米产量世界第一，但是也曾经发生燃料乙醇产业受到玉米价格上涨、供给日趋紧张的情况。例如，2005 年和 2006 年用于生产燃料乙醇的玉米达到 4200 万吨，占国内总消费量的 24%，超过了出口量。每蒲式耳（约 35 公升）玉米的价格已经从 2 美元涨到 4 美元，翻了一番。据专家估计，一旦玉米乙醇的生产量达到 120 亿加仑，生产玉米乙醇在经济上就将不具有可行性。这迫使美国政府不得不考虑原料供给问题。

一方面，通过扩大种植面积和控制出口量保证玉米供应。2007 年 3 月，美国农业部发表了年度农作物播种面积预测报告，玉米播种面积比上年增加 15%，创 60 多年来历史最高。2007 年度玉米播种面积达 9045.4 万英亩（约合 36.6 万平方公里），占美国土面积 4%，超过德国国土面积，与日本国土面积相当。同时，在政策控制下，美国玉米出口量也有所减少。1991 年美国玉米出口量占世界玉米出口量的 89.37%，2010 年这一数字降到 46.01%。

另一方面，加快开发纤维素制乙醇的技术，推动商业化进程。为了缓解原料紧张问题，美国政府已经确立了发展纤维素乙醇的长期战略。布什总统曾提出，到 2012 年使纤维素制乙醇具有可与石油竞争的能力。为此，美国能源部将资助建立 3 个新的生物能源研究中心和 6 家生物精炼厂，以加大纤维素乙醇和其他生物燃料的基础研究力度。在之后5年中，这些研究中心将分别获得政府1.25亿美元的研究资金。2014年8月，美荷合资的第一家商业级纤维素乙醇工厂在爱荷华州埃米茨堡市正式竣工投产。

三、启示与借鉴

（一）政府部门应在科学决策基础上确立长期发展战略

所谓科学决策，就是要充分考虑发展燃料乙醇产业的社会成本和综合效益，慎重地进行比较和测算，决策期不是几年，至少是几十年。需要考虑包括原料供应问题、能源替代效应、环保效应、经济带动作用在内的一系列因素。

（二）立法形式有利于保障战略政策实施的长期稳定性

以法案形式确立的政策措施，其稳定性高于政府指令，有利于发展战略的长期贯彻，有利于摆脱政府更迭带来的影响，防止出现产业发展“打摆子”的情况。

（三）产业化的主要推动力量来自于企业，政府要运用多种政策工具保证其有利可图

从国民经济整体看，发展生物乙醇是可行的，但从企业财务角度看并不一定可行。美国的政策思路主要就是利用财政补贴、减税、直接投资、研发资助和贷款担保等手段保证生产企业可以有一定利润，从而使企业成为产业发展的主体。

（四）必须有有力的需求鼓励政策

及时制定乙醇汽油标准，并对使用乙醇汽油者给予一定补贴。美国采取的方式是建立汽油混配中心，补贴发到这些混配中心而非生产企业，这一点值得借鉴。需要注意的是，对企业的补贴应该定期浮动。当企业已经可以不靠补贴生存时，应及时减少或取消补贴。另一方面，可以在有利于环保的前提下，采取强制性措施减少非环保燃料的使用，推广乙醇汽油。

（五）原料供应问题至关重要，是产业发展的基础

美国玉米产量很高，但是也遇到了原料供应紧张的问题。加大玉米供应量是最直接的办法，但是受到资源限制。寻求替代原料是另一个办法，例如研究纤维素制乙醇技术就是一个长期内可行的思路。

（六）利用贸易政策增加本国燃料乙醇的竞争优势

在 WTO 规则允许范围内，利用关税和非关税壁垒增加本国产品的竞争力。同时，寻求国际合作、寻找燃料乙醇生产大国之间的双赢空间，也是一条可行之路。

美国民航运输业：从放松管制到天空开放

随着通用航空和无人机产业的不断发展，如何合理有效地管理空域成为摆在中国民航管理部门面前的一个大问题。回顾一下美国民航运输业治理的历史经验，对思考这个问题颇有裨益。美国民航业的发展及其相关政策并不是一成不变的，垄断与竞争的矛盾始终贯穿在民航业发展历史中。自 20 世纪 30 年代以来，美国民航业的产业组织调整可以分为三个时期，这三个时期都带有自身的显著特征。

一、1938–1978 年的航空运输管制

（一）概况

在 1938 年之前，美国主要是对铁路垄断进行管制，迫使铁路企业相互进行有力的竞争，保护公众利益。随着公路、水运和航空运输的蓬勃发展，它们与铁路之间的竞争以及各种方式内部间的竞争越来越激烈，并且随着竞争程度的加剧，出现了过度竞争及不公平竞争的不良现象，损害了交通运输业的正常发展。

与此同时，凯恩斯主义在美国经济理论界开始占据主要地位，政府政策也明显受到影响，政府干预日益增多。许多专家提出，过多的航空公司进入市场，将会使企业间为争取

有限市场而进行毁灭性竞争，导致重复浪费、过度延展和低劣的服务，同时由于航空没有足够的收入维持正常生产活动，最终会倒闭或破产，减少航空业的生产能力，因此有必要对进入和运价进行管制。1938年，美国颁布了《民用航空法》，并建立了民航委员会（CAB），由民航委员会承担航空公司航线及航班的审批、运价的确定、兼并的管理等，政策导向从限制垄断、维护竞争转向对运输竞争的管制。

（二）管制政策

《民用航空法》主要对航空业进行了三方面的管制：一是严格限制新企业的进入；二是禁止企业之间进行兼并；三是控制运价及收入。这主要是基于这样的认识：禁止企业间合并则是为了防止垄断导致的不正当竞争。

（三）政策绩效

对航空业竞争进行管制后，自1938年至1978年间，共有80家航空公司申请进入航空业，但是没有一个干线执照得到批准。这无疑使那些原有的航空公司大受裨益。1960年至1965年，美国航空公司的股票平均值暴涨了250%，年均上涨28.5%。但是，企业利润增加大大侵害了消费者福利，从而降低了市场绩效。航空公司受到民用航空局的过度保护和严格控制，内部没有经营自主权，外部缺少竞争压力，服务质量差，票价居高不下。消费者纷纷批评管制损害了公众的利益，同时一些知名学者计算航空业管制成本后也指出，这种管制是对资源的乱分配，造成的社会成本很大。

二、20 世纪 70 年代末以来的放松管制

（一）概况

随着凯恩斯主义逐渐为新古典经济学所代替，一些经济学家认为，应在航空运输业中引入自由竞争，迫使他们提高效率和生产力。放松空运管制的呼声于 20 世纪 70 年代开始影响政府决策，共和党和民主党在支持放松民航管制的问题上逐渐达成了一致，认为它将导致运费下降、消费者增加、效率提高，并最终使市场摆脱政府的干预。1977 年，卡恩任民航委员会主席后，开始致力于放松空运管制工作。1978 年，《航空放松管制法》(《AIRLINE DEREGULATION ACT》) 在国会通过并于当年 10 月 24 日正式生效。

（二）政策内容

《航空放松管制法》的主要内容包括：逐步消除航空管理委员会对航空价格限制；对新建航空公司，增加市场准入自由度；鼓励航空公司参与市场竞争，减少地方政府对航空公司的补贴；由联邦航空管理局（FAA）参与安全管理，减少航空管理委员会对包机市场的管制；最终解散航空管理委员会，航空市场管理由交通部完成，安全由 FAA 控制。

（三）放松管制对市场绩效的影响

在放松民航市场管制后，市场绩效明显有了提高，主要

体现在两方面：

一是票价出现了明显下降。在市场机制作用下，航空公司普遍实行廉价机票、折扣机票，如新进入市场的世界航空公司，纽约至洛杉矶的廉价票仅 99 美元，平均每客公里 2.3 美分。据统计分析，按飞行里程计算的美国民航机票平均价格，1993 年比 1978 年下降 28% 或 30%。运输研究委员会（TRB）1999 年发表的报告分析，航空运输在 1979 至 1984 年，票价不断下降；从 1984 至 1988 年，由于航空公司市场集中度和对航空枢纽支配力的提高，票价下降趋缓。

票价下降的直接效果，是旅客节省了空运支出。美国《航空公司》杂志 2003 年 10 月的一篇文章分析，放松管制政策使空运旅客每年节省支出 100 亿至 200 亿美元。

二是客座率明显提高。航空票价下降，加上经济发展，人均收入水平提高，社会对航空运输需求增速加快。据美国航空运输协会统计，1977 年美国民航承运的登机旅客为 2.4 亿人，其中国内 2.22 亿人，国际 0.18 亿人。除去外国居民在美国的登机人数，当年美国人口中只有 16% 的人使用空中交通工具。1988 年登机旅客达 4.55 亿人，使用空中交通工具的人口比例达 25%。运输量的快速增长，使美国航空公司的航班客座率大幅提高。2000 年美国民航正班平均客座率比 1977 年提高了 16.5 个百分点。

（四）放松管制对产业组织结构的影响

第一，航空公司的数量先增后减，竞争力得到提升。

《航空放松管制法》要求民航委员会立即采取措施保证更自由的定价，1980年航空运输企业可以自由进入市场，1983年实现完全的企业定价。到1983年，美国已经有60多家新的航空公司进入市场，这些新公司中有支线航空公司、地区性航空公司或摆渡性航空公司。据统计，1978—1986年间，共有198家航空公司进入民航运输市场。

但是，随着市场竞争的加剧，市场退出机制发挥了作用。自1985年起，航空公司的数目开始下降。到1987年，已经有160家航空公司破产、倒闭或被兼并，在营的航空公司只剩下74家，其中干线航空公司只剩12家。除破产，兼并是航空公司数目减少的主要原因。下表列出了20世纪80年代发生在美国的大额兼并案例。

表　20世纪80年代发生在美国的大额兼并

年份	主要内容	金额（亿美元）
1980年	Pan American 兼并 National Airline	不详
1985年	People Expres 收购 Frontier Airline	3
1986年	Northwest 兼并 Republic Airline	8.84
1986年	US Air 收购 Pacific Southwest Airline	不详
1986年	Texas Airline 收购 People Airline 和 NewYork Airline	不详
1986年	Trans World 收购 Ozark	2.5
1986年	Aerican 收购 Cal Air	不详

经过兼并、破产的大潮后，生存下来的公司都拥有比较强大的竞争力。

第二，低成本航空公司崛起，逐渐成为中坚力量。

当泛美、布兰尼夫、东方等大型航空公司破产之时，低成本航空公司却生机盎然蓬勃发展，成为美国乃至世界民航业的趋势。最有代表性的低成本航空公司无疑是西南航空公司。西南航空公司虽然成立于放松管制前的1971年，但起步艰难，到1978年仍在得克萨斯州内飞行。实施放松管制后，迫于竞争的压力，公司借助实施低成本的优势和州内航空公司不受运价约束的政策规定，以先进的经营理念和别具一格的战略战术，采用单一机型、单级座舱，使用二级机场，以城市对航线为主（占80%），实行客票直销和网络销售，减少不必要服务，实行一专多能和岗位交叉的劳动制度，压缩固定成本和变动成本以实行低票价竞争，使公司稳妥地逐年发展，现已成为世界最大的低成本航空公司，也是美国八大骨干航空公司之一。同时，在美国民航界自1991年开始的历年服务质量评比中，西南航空公司均列前五名，2003年列第三名。

许多骨干航空公司也在尝试既保留骨干航的特点又适应低成本的潮流，而采取多项措施。如美国达美、联合等大型航空公司另行组建低成本单位独立运营。达美航空公司已抽调36架波音757型飞机组建“达美之歌”机队，2004年开始在纽约、波士顿、奥兰多等城市对航线运营。

低成本航空公司的发展，使美国航空运输业格局发生了变化。1992 年，低成本航空公司仅占市场总额的 10%，2003 年已扩大到 25%，2010 年增至 35% 以上。

（五）政府管理职能的转变

在放松管制之前，一直是由民航委员会对民航业实施管制。1984 年 9 月，国会通过《民航委员会撤消法案》，民航委员会于 1985 年 1 月被撤消，其大部分管理航空运输经济的职能被终止，保留的反垄断和安全管理职能则移交运输、司法等机构。下图显示了美国政府部门对民航业的管理概况。

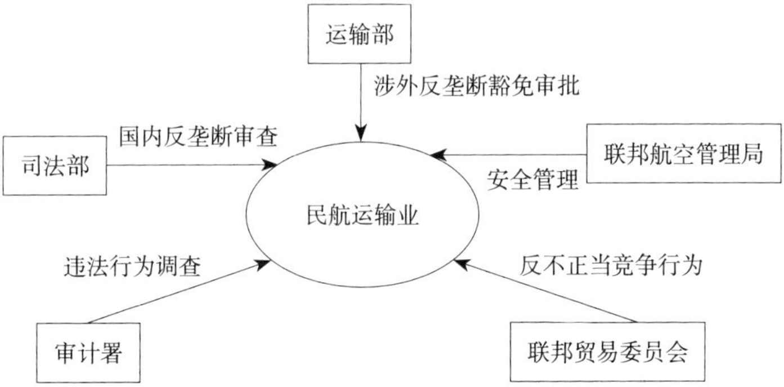

图　美国政府部门对民航运输业的管理

司法部负责国内航空运输的反垄断审查工作，而运输部负责有关涉及美国航空公司与其他国家航空公司联盟或并购中的反垄断豁免审批。当然，在国内的反垄断中，运输部仍然发挥作用，即向司法部提供有关资料和意见。反过来司法部对于运输部负责的反垄断豁免问题也可以提出建议和意见。另外，在航空运输业反垄断中发挥作用的机构，还有联邦贸易委员会和审计署。联邦贸易委员会的主要职能是禁止“不公正竞争方法”以及警告反竞争的合并。审计署作为一个独立的、无党派的、直接向国会负责的机构，除了对美国政府的支出进行监督，还对违法和不正当行为进行调查。

联邦航空管理局（FAA）归美国运输部领导，主要任务是保障民用航空的飞行安全，促进民航事业的发展，但不直接经营民航企业。联邦航空局的机构设置分总部、地区机构和地方机构三级。总部设在华盛顿，是国家的行政立法机构，负责制定民用航空的政策、规划和颁布规章制度、处理国际民用航空事务、领导本系统各地区和地方机构的工作。地区机构是管理本地区民用航空业务的工作机构，负责审查、颁发本地区民用航空领域内各种合格证件和技术业务人员执照，对所辖地方机构实行技术指导和管理。在北美大陆的美国境内共划分为 9 个地区，各设地区办事处。地方机构则是各种不同类型的民航基层管理设施，如空中交通管制中心、飞行服务站、各种质量检查和标准审定办公室、航空保安机构等。它们直接担负空中交通管制任务，为飞行提供导航服务，接受各种合格证的申请，监督和检查安全质量，参与调查飞行事故和违章事件，进行飞行现场的保安管理等。

FAA 根据《联邦航空条例》直接实施空中交通管制，为民用航空产品颁发型号合格证、生产许可证和适航证，为航空运输企业颁发营业执照，为机场和各类航空设施颁发合格证等，在民用航空领域内对飞机的设计、生产、使用、维护以及空中运输、地面保障等进行全面的监督、控制和管理。

三、20 世纪 90 年代以来的天空开放

放松管制大大增加了美国航空公司的竞争力，美国航空公司在全球航空市场上竞争地位发生了很大变化。到 1992 年，陷入财务困境的美国国际航空公司巨头（泛美、东方和 Braniff）在主要的国际航线上已被更强大的国内航空公司（美利坚、联合和达美航）所取代。这些新加入者凭借它们在国内发达的轮辐式航线网络和创新的管理制度（例如收益管理和常旅客计划），成为强大的国际市场竞争者。对美国来说，已经到了开拓国际市场的最佳时机了。因此，美国政府在 20 世纪 90 年代开始竭尽全力推动“天空开放”政策。

（一）何谓“天空开放”？

开放天空主要内容是，允许进入国家间所有航线；提供在制定票价上最高程度的自由；禁止对在这些航线上运营的航班运力和频率实行限制；有权在双方国家任何点包括中间点和以远点之间不受限制地运营；自由安排契约和货物运输等。

（二）实施情况

1992 年美国与荷兰达成第一个开放天空协议。此后，美国先后与德国、比利时等许多国家签订了以相互开放天空为目的的通航协定。到 1997 年底美国已与 39 个国家和地区签订了旨在开放天空和推行航空运输自由化的协议。自 1997 年 4 月 1 日开始，欧盟的航空运输市场完全自由化后，美国将重点转向亚洲，首先选择与其具有自由航空关系的国家和地区，如新加坡、文莱、中国台湾和香港等，最后是日本。1998 年 1 月，美国终于与日本达成同意取消两国在航空交通方面大部分限制的协议。到 2000 年 5 月，美国已与 60 个国家达成自由化程度极高的“开放开空”协议。2005 年，美国与加拿大达成正式天空开放协议。2006 年，美国与新加坡、新西兰、智利、文莱等 5 国签署了多国间“天空开放”协议。

在经过长达 4 年多 11 轮的艰苦谈判，2007 年 3 月 2 日，欧盟与美国在布鲁塞尔达成了第一阶段航空运输协议。4 月 30 日在华盛顿举行的欧美峰会上，双方正式签署了该协议。协议的生效，将取代之前欧盟成员国各自与美国签署的双边航空运输协议。协议自 2008 年 3 月 30 日正式实施。协议内容除航空运输协议正文，还包括 5 个附件和 1 个协商备忘录。协议主要内容包括：在客运方面互相给予无限制的第 3、第 4 和第 5 航权；在货运方面给予无限制的第 7 航权；

无限制的代码共享及无限制的航班班次和运力；以及在商业机会、计算机订座系统、运价等方面达成了初步的自由化。2010 年 3 月，欧盟与美国又再次达成了第二阶段开放天空临时性协议。

（三）政策效果

根据美国航空运输协会的统计，1978 — 2000 年之间，其成员航空公司的国内运输量增长了 178%，而同期这些公司的国际航线运输量增长率则高达 318%，这些航空公司的国际运输量占其总运输量的份额从开始放松管制的 1978 年的 19%，增加到 2000 年的 27%。国际市场日益成为美国航空公司增长的源泉。

美欧双方签署的航空协议更是意义重大。据初步估算，未来五年，跨大西洋航班将因此增加近 50%，并将为美欧航空业增加近 200 亿美元的利润。

四、总结与启示

（一）民航运输业属于可竞争性产业

民航运输业在美国曾经是被严格管制的，至少在一段时期，民航运输业曾被认为是具有公共产品性质或者是自然垄断产业。不过，美国改革的经验证明，由市场通过竞争方式来提供民航运输服务更有效率，更节约社会成本。这表明，民航运输业并不是天然具有自然垄断性质，民航运输服务也不一定作为公共产品由政府来提供。在产业性质上，民航运输业应该属于竞争性产业。在不考虑国际竞争的前提下，政府的主要职能应该定位于市场准入管理、反垄断和实施产业政策等。

（二）放松管制有可能提高民航运输业市场绩效

由于民航运输业的竞争性产业性质，由市场发挥资源配置作用会更能提高市场绩效。放松管制意味着放开价格、降低市场进入壁垒和退出壁垒，充分发挥价格机制的作用，鼓励优胜劣汰，提供一个公平竞争的舞台。

放松管制还会使产品多样化增加，一个典型的现象就是欧美低成本航空公司的兴起。美国民航委员会曾经不允许票价自由削减，于是竞争的动力被人为地导向非价格竞争的方向，如机舱内装饰、餐食改进，甚至推出有碍观瞻的“空中脱衣舞”节目，使业外怨声载道。放松管制以后，低成本航空公司迅速增多，它们经营策略灵活，符合大众消费，让消费者有了更多的选择，也使整个行业的运输量有了大幅上升。

（三）“先改革后开放”有利于国际竞争

美国先后经历了管制和放松管制的国内改革时期，在长达几十年的市场考验中，优胜劣汰之后存活下来的大型航空公司都是具有强大生存能力的。直到 20 世纪 90 年代初，美国才真正开始开放天空，当时的美国航空公司已经具备了与国际大公司相抗衡的实力。尽管美国公司从规模上与欧洲相比有些差距，但是美国公司的经营效率始终高于欧洲公司。

事实证明，如果能先对国内市场进行改革，使航空公司在国内市场上充分竞争，在市场经济大潮中提高运营效率和竞争力；之后再开放天空引入国际竞争，更有利于国内公司在国际竞争中占有一席之地。

美国IT产业技术政策及实施机制

总体而言，美国没有“产业技术政策”的概念，但是在其创新政策中，政府的许多干预和支持方式都属于产业技术政策的范畴。IT产业一直被美国视为国民经济的支柱和未来的增长动力，因此，政府对IT产业的支持相对于其他产业更加积极、力度也更大。

一、美国IT产业的发展阶段及其产业技术政策

（一）军用为主阶段：二战后—20世纪70年代

1．阶段特征

这一时期是美国IT产业发展的早期，主要特征表现在两个方面：

第一，从需求来看，IT产业还没有商业化，主要靠军事需求和国防采购支撑。二战结束后世界进入冷战时代，美国和苏联之间长期进行军备竞赛，国防现代化的迫切需要激发了信息技术的产生和发展。例如，美国于1946年研制成功的第一台电子计算机，设计的主要目的就是用来计算炮弹和炸弹的弹道轨迹。

第二，从技术角度来看，这个阶段主要还是以大型计算机的发展应用为主。出于军事目的，武器的精确控制需要大

量的计算数据，因此信息技术的发展也集中在大型计算机计算速度和能力的不断改进和挖掘。

2．主要产业技术政策

在这一阶段，由于信息技术还没有民用化和商业化，政府部门在整个技术创新链条上都发挥了积极的支持作用。当然，具体研究和开发任务还是依靠研究机构和大型企业来承担。

一是积极资助信息技术的研究开发。由于在这一阶段，一项新产品的研发成本非常高，以至于仅靠产品采购不足以弥补全部投入。因此，美国政府在预算中拨出了大量的研发资金，提供给政府所属研究机构、私营企业和高校。在 20 世纪 60 年代，美国产业部门的科研经费中超过 50% 是由联邦政府提供的。美国政府大部分的科研需求是通过科研合同的方式委托给高校和私营企业来承担进行。战后，美国联邦政府只将约 1/3 的科研经费给政府各部门的直属科研单位用，其余的 2/3 资助私营企业和大学所属的科研机构，而对私营企业资助的绝对额远远高于对高校的资助。例如，IBM 在推出它的大型计算机 360 系统前失败的一个大型计算机产品，耗费了 2000 万美元，是政府部门承担了研制成本。

二是直接作为需求方，以政府采购方式创造 IT 新技术产品市场。美国集成电路及半导体工业的发展主要得益于 20

世纪 60 年代《政府采购法》的实施。1960 年，美国集成电路开始大规模投产，60 年代中期几乎全部集成电路产品和 40% 的半导体器件都由国防部购买，对集成电路和半导体产业的发展起到了至关重要的作用。美国政府庞大的采购支出极大地激励了企业的研究开发活动，尤其是信息技术等高技术领域的研究开发活动。

三是逐步支持和促进运用信息技术的民用化。美国在一战、二战期间及战后出资兴建了不少政府所属的科学研究机构直接从事科研活动，这些机构长期积累并在不少领域拥有了领先的技术能力。20 世纪 60 年代起，美国政府各部和科研主管机关便开始全面支持技术转让。国防部、国家宇航局和自然科学基金委等政府科研主管机构都先后制定了一批技术转让计划，使他们管辖的技术能够在其他领域推广应用。在这些转移的技术中，就包括对未来社会产生革命性影响的互联网技术。为了增强美国军事指挥系统抗击核打击的能力，美国国防部研制并于 1969 年建成了第一个计算机互联网络，即 ARPAnet。此时，IBM 等一些企业和机构正在开发可互相连接的通用网络，国防部等部门为其提供了研究资助与技术支持，这使 ARPAnet 的相关技术逐渐向 IT 企业扩散，许多企业得以搭建起使用互联网交换协议的网络，最终促成了商业化互联网的诞生。

（二）产业发展壮大阶段：20 世纪 70 年代—90 年代初

1．阶段特征

这一时期是美国 IT 产业逐步发展壮大、走向市场的阶段，主要特征表现在三个方面：

第一，从需求来看，民用需求逐渐替代军用需求成为市场主流。一方面，在美苏冷战的紧迫性逐步被石油危机替代后，美国政府的国防预算逐渐下降，导致军费大规模削减，军方对信息技术产品的需求已经难以支撑整个产业的发展；另一方面，在政府部门和龙头企业的大力推动下，信息技术产品成本大幅下降，同时民用部门需求也大大增长，IT 产业本身已经具备依靠民用需求市场自我持续发展的能力。

第二，从技术特征来看，IT 产业已经从大型计算机时代走向小型化和个人电脑时代。对于民用用户而言，并不需要处理大量的数据，而需要的是更加便携、便用的小型个人电脑。因此，这一时期的 IT 主流产品就是个人电脑的逐步应用和大规模普及。

第三，从产业组织特征来看，中小企业开始在 IT 产业中崭露头角。在上一阶段，IBM 等大型硬件制造公司在产业中居于绝对主导地位。但是随着个人电脑及其操作系统、应用软件的发展，越来越多的小企业从市场中冲杀出来，并体现出很强的竞争力。比如开发个人电脑操作系统及软件的微软公司，就是在这一时期产生并发展起来的。

2．主要产业技术政策

在这一阶段，美国政府除了继续对信息技术研究开发提供支持，重在建设市场环境、培育竞争，通过激发企业和市场的活力来刺激信息产业的增长。主要政策手段包括以下几个方面。

一是通过反垄断、促进中小企业创新等方式培育市场竞争环境。20 世纪 80 年代以后，美国政府认为信息技术产业领域的垄断已经妨碍市场竞争，损害了消费者利益，成为阻碍经济增长的因素，因此大大加强了反垄断力度。美国司法部先后对 IBM、AT&T 等大企业发起了反垄断诉讼，AT&T 最终于 1984 年被分拆。另一方面，美国政府对培育中小企业创新非常积极，于 20 世纪 80 年代初期召开了一次规模空前的小企业代表大会，以探讨如何通过税收、贷款等措施促进它们的成长。美国联邦政府通过小企业管理局成功实施了推进中小企业技术创新的是中小企业创新发展计划（SBIR）。

二是通过培育风险投资，促进技术与资本结合。1978 年，美国国会把长期资本所得税率减低至 28%，并于 1982 年进一步降低至 20%。美国政府放松了对风险投资的管制，让其自由发展。这些因素直接促进风险资本在 20 世纪 80 年代末的快速成长，为美国 IT 产业发展提供了重要支持。美国风险投资协会 1996 年的一项统计表明：在第一轮风险投资所支持的628个项目中，信息产业有405项，占65%以上。英特尔、微软、雅虎和思科等企业在发展过程中都得到风险投资的有力支持。

三是通过免税手段刺激IT企业创新。IT产业是高度技术密集型产业，研发活动在企业中占了重要地位，研发成本对企业有非常大的影响，因此，降低了研发成本的政策措施会推进研发活动。1981年，里根政府在《经济复兴法案》中提出《R&D减税法案》，该法案规定，从1981年至1985年，企业任何一年“符合条件”的研究与开发支出如果超过过去3年研发支出的平均额，其超出部分的25%可作为税收抵免部分，从企业纳税中扣除（1986年从25%的税收抵免减至20%）。旨在通过对研发支出提供多种税收优惠刺激研发。后来国会认为该法案对引导企业重视科技投入发挥了作用，对其多次续延，直到现在仍然存在。

四是积极促进人才培养。1985–1996年间，获得联邦资金资助的计算机和电子工程专业的研究生比例从14%增加到20%。联邦政府对研究生的资助主要采取助教奖学金的形式，助教奖学金占总资助额的75%以上。获得助教金的学生主要承担辅助教授授课、解答学生提问等教学辅助任务，不占用联邦政府资助的研究项目资金。1985年到1995年，全国最好的计算机系里，如MIT、卡内基·梅隆、加利弗尼亚大学勃克力分校等的计算机和电子工程专业的研究生中约有

56% 得到了联邦政府的资助，其中一半是助教奖学金。1997年，斯坦福大学电子工业和计算机专业 27% 的研究生获得了联邦政府资助，50%–60% 的博士得到了资助。同时，政府资助的一些大型研究项目还培养了一批学术带头人[①]。

五是与非营利机构及企业合作，推动技术标准制定。美国政府认识到，技术标准体系的建设对 IT 产业有着非常重要的作用，甚至直接决定着企业的竞争力。政府支持私营企业或民间组织在技术标准制定中发挥积极作用。如互联网的出现和发展，就是在 IETF 的指导下进行的，该组织就是一个自发性的非营利组织，负责为多边操作协议制定标准。美国 IT 人才的资格认证，也可以由企业组织进行。

（三）互联网产生发展阶段：20 世纪 90 年代中期—2008 年国际金融危机前

1．阶段特征

这一时期是美国 IT 产业不断繁荣、持续支撑经济增长的阶段，主要特征表现在三个方面：

一是从技术角度看，互联网技术和应用成为 IT 产业的主流。在经历了大型机、个人电脑时代之后，在美国政府和社会各界的共同推动下，互联网成为这一时期信息产业发展的主要增长点。在互联网发展带动下，IT 产业的软件和硬件

① 参见吕薇《美国政府在计算机技术发展中的作用及其启示》国务院发展研究中心调查研究报告 2000 年第 179 号（总 1357 号）。

产业都有了长足的发展。

二是IT产业持续繁荣，甚至出现了互联网泡沫。在互联网发展的带动下，美国IT产业在20世纪末开始了大繁荣阶段，并支撑着美国经济进入了一段持续增长时期。在这一阶段，大量的互联网企业在市场中诞生，同时又有许多企业在竞争中消亡。风险投资、创业板资本市场与信息技术的结合起了推波助澜的作用，甚至催生了“互联网泡沫”。

三是全社会的信息化程度大大增强。随着美国信息高速公路建设进程的加快实施，IT产业的影响已经不仅至于产业本身，而是开始改造其他产业，甚至改变着整个社会的生活方式。非IT产业的信息化程度不断加深，并且在信息技术的推动下提高了生产效率。

2. 主要产业技术政策

这一时期美国政策的重点包括以下几个方面：

一是积极推动信息基础设施的建设。1993年，克林顿政府正式提出了关于建设“信息高速公路”的行动议程，明确描述并倡议建立国家信息基础设施（NII）。该行动计划是加速美国信息产业发展的纲领性文件，为互联网产业的高速发展提供了框架和蓝图。作为主导思想，美国政府明确支持私有部门在国家信息基础设施中发挥主要作用，主要措施包括研发资助、研发税收优惠、保护竞争、推动制定技术标准等。

二是为互联网技术和应用发展搭建良好的法律环境。美国政府积极保护互联网条件下的知识产权。由于音乐等产品日益依赖数字形式传播，在互联网条件下更容易受到侵权，知识产权问题变得异常突出。1993 年，克林顿政府成立工作组，研究在新型的国家信息基础设施中如何应用和保护知识产权。1995 年，政府发布了《知识产权和国家信息基础设施》的白皮书，提出版权所有者有权支配其数字形式作品的临时和永久性复制等建议。1998 年，国会为此通过了《数字千年版权法》。为遏止域名抢注的投机狂潮，美国国会还通过了《1999 年反域名抢注消费者保护法》，规定恶意地将商标注册为域名属于非法行为。此外，互联网条件下，对个人隐私的干涉变得比以前更加容易。为此，2000 年美国政府签署了专门法令，意在有效保护个人隐私。

三是积极利用国际市场和科技人才资源。为了保持技术上的优势地位，美国政府积极推动全球范围内的计算机程序和数据库等知识产权的保护。同时，在 1996 年的 WTO 部长级会议上，美国提出了《信息技术协议》，主张到 2000 年取消信息产品的全部关税。美国政府还积极推动国外 IT 人才的引进。为了弥补本国 IT 人才尤其是高级 IT 人才的短缺，美国政府放宽了对发放面向具有高技术水平的外国人力资源的 H21B 非移民短期工作签证的限制。1998 年，美国国会根据对科技人才的需要通过新法，在 1999 年和 2000 年将该签证发放限额增加到1115万个，后来又进一步增加到1915万个。在1998-2001年期间，美国至少发放了400万个H21B签证，为IT产业发展提供了大量技术人才。

四是通过建设电子政务系统创造对新技术的需求。美国政府在应用信息技术方面的投入一直处于被优先考虑之列。例如，在2001财年预算中，多数联邦政府部门的预算被大幅度削减，但用于电子政务技术方面的预算却未见减少。《2002年电子政府法》提出建立电子政府基金，用于各部门信息技术试点和应用项目。电子政务系统的开发、维护几乎都外包给私营企业部门来完成，政府信息化项目的资金绝大部分流入本国的IT企业。

（四）新一代IT技术显现阶段：2008年国际金融危机以来

1．阶段特征

2008年发生的国际金融危机重创了世界经济，欧美等发达国家的经济发展速度有所减缓，而且至今也未能完全走出危机。随着危机的不断深化，对危机产生机制的认识也越来越深化。许多经济学家指出，金融危机发生的根本原因在于实体经济失去了内生动力，随着信息技术对经济产生的持续冲击作用逐步耗尽，经济发展的技术驱动力越来越弱。另一方面，尽管科学技术在许多领域有一些新的突破，但是真正能为市场所接受的新技术变革还未趋于明朗。

基于这种考虑，发达国家政府对新一代IT技术变革寄予厚望，希望依靠新技术的商业化应用来掀起新的产业革命，从而从根本上摆脱实体经济的衰落与危机。企业不断地进行新一代技术的研发和商业化实践，政府部门则适时予以推介并通过政府采购等方式扩大需求，有时还提供一定的研发资助。在业界和政府部门的合力推动下，物联网、云计算、大数据等若干新的IT技术应用不断涌现出来。不过，这些新技术的商业化前景还有待观察。

2．主要产业技术政策——以云计算为例

在云计算产业发展过程中，谷歌、亚马逊、微软、IBM等大型IT企业是主力军，相对而言政府只扮演了次要角色，主要政策措施包括以下几个方面：

一是率先开展新技术示范应用和厂商推介。美国联邦政府于2009年启动了一个名为Apps.gov的云计算服务网站，这个网站被联邦政府的首席信息官（CIO）昆德拉称为"一站式云计算服务源"。该网站是联邦政府为推动云计算产业发展率先启动的示范应用项目，能提供包括商业服务（如CRM、ERP等）、社交媒体服务（如搜索、微博等）、办公应用等几千个云服务项目，还计划提供云存储、网站托管等一系列云服务项目。Apps.gov网站使用的云计算软件为用户提供了导向，其含义是这些软件已经得到了联邦政府的认可，广大用户和其他各级政府可以放心地进行试用，从而达到了推广云计算的目的。此网站的另一个功能是对优秀的云计算服务企业进行推荐和介绍。一些知名的云计算服务商，如前文提到的谷歌、Salesforce.com、Carahsoft Technology、Combinene 等，都被 Apps.gov 网站列为推荐对象。政府的推介对这些知名企业在云计算领域进一步投资、推出更多更全面的业务等方面都具有非常积极的作用，对企业开拓市场的帮助也是很大的。

二是政府所属机构研究发布云计算定义，推动云标准制定。美国国家标准技术研究所（NIST）在云计算技术和产业的发展过程中功不可没。该机构专门成立了关于云计算的研究团队，一边通过试建云计算平台来了解它的特性和实践效果，一边不断地发布和更新关于云计算的定义，目前该定义的版本已经更新至第 15 版，对云计算的基本特征概括得十分全面，得到了企业界和研究界的广泛认可。NIST 的另一个角色则是一个云计算标准组织，积极参与云标准的制定。NIST 和其他一些云标准组织，以及云计算领域的知名企业广泛开展合作，引领云计算标准的研究和制定工作，并以此促进云计算在联邦政府部门的率先应用。NIST 已经于 2011 年 7 月发布了一个“云计算标准路线图”，对云安全、云计算系统的可转移性、不同云系统之间的相互兼容性等一系列与云标准相关的问题进行了深入的研究与调查，初步提出了云计算的基本标准以及存在的一些主要问题，并对未来云标准如何不断完善提出了展望。

三是大规模采购云服务，引领云计算市场拓展。2009 年 9 月，美国联邦政府 CIO 昆德拉曾公布了一份联邦政府发展应用云计算的长期计划。该计划提出，在前期示范应用的基础上，联邦政府将于 2012 年开始规模采购云计算服务。出于大幅节约政府部门 IT 支出的考虑，奥巴马政府对用云计算技术改造现有的联邦政府信息系统非常积极。CIO 这个新的政府职位的设计就是为了大规模推广和采购云计算服务。在昆德拉牵头制定的联邦政府云计算发展计划中，他提出在 2015 年之前，将联邦政府拥有的 2100 个数据中心进行统筹改造，利用云计算技术进行整合，从而达到削减 800 个数据中心的目标，政府 IT 支出将大大降低，同时效率还会进一步提高。昆德拉希望联邦政府各部门和地方政府能够逐步将一些工作转移到云计算系统中，包括公共云系统和专门为政府部门建设的私有云系统，从而大大提高工作效率。联邦政府对云计算的使用直接扩大了云计算的市场，使许多业内知名厂商获得了来自政府的大额采购订单。典型的如微软公司承接了来自农业部的云计算软件供应合同，向其提供电子邮件等云服务；谷歌则得到了来自美国总务管理局（GSA）的一个价值为 670 万美元的服务供应合同，主要也是提供电子邮件服务。以需求引导的方式促进云计算产业发展，还有利于在服务实践中探索云计算安全、服务性能和标准等一系列潜在的问题，从而推动云计算服务质量的不断提高，使广大私有部门用户对云计算服务越来越放心使用。

二、美国IT产业技术政策的制定与实施机制——以NII为例

（一）NII计划的背景与概况

1．实施背景

在经过IT产业多年的发展后，美国政府于1993年正式提出了国家信息基础结构（NII）计划。其背景主要有两个方面。

第一，激烈的国际竞争使美国不得不寻找IT产业新的增长点，以保持本国的技术优势。20世纪50年代以来IT技术的发展推动了IT产业的兴起和迅猛发展，其前景被各国政府所看好，信息技术被认为是21世纪的决定性生产因素。因此，各国政府都将这一领域视为未来经济发展的战略高地，日本、德国和新加坡等多个国家都采取了实际行动，竞争十分激烈。而直接推动NII计划能够在美国国会顺利通过的一个重要原因，就是日本企业在半导体产业和电子产业中的崛起并在技术和市场上都对美国企业形成了相对优势，甚至让美国高技术武器所用的芯片也大量仰赖日本的供应。为了夺回美国在IT产业中的技术优势，NII计划应运而生。正如美国副总统戈尔所言："建设信息高速公路是美国掌握未

来世界竞争先机的枢纽”。

第二，美国经过多年的发展，在信息网络建设上积累了相当的技术优势。美国对信息网络的研究始于20世纪60年代，长期以来持续进行研究开发和试验改进，已经在互联网络方面积累了较多技术成果。正如前文提及的，最早1969年，国防部即已经研制并建成了第一个计算机互联网络。因此，NII计划的提出也是基于长期技术储备的考虑。

2. NII计划的主要内容

《国家信息基础结构（NII）行动计划》提出，国家信息基础结构是一个能给用户随时提供大量信息的，由通信网络、计算机、数据库以及日用电子产品组成的“完备（Seamless）”网络。开发国家信息基础结构将有助于发动一场信息革命，这场革命将永远改变人们的生活、工作和相互交往的方式。

美国计划中的“信息高速公路”主要由以下几个部分组成：建设一个覆盖全国的宽带高速信息通信网；信息资源的开发和利用；以微电子技术为基础的信息设备的开发与制造；通信和信息系统软件、应用软件和各类技术标准的研究开发；培养和造就大量的信息技术人才。政府提出的目标是：先把100万户家庭联结起来，五年之内使全国大部分家庭入网；在本世界末实现多媒体的普及化；到2010年，使所有的地区、所有的经济阶层及普通公民获得以各种形式进行信息交流的机会。

该计划还提出了政府部门执行此计划的若干原则：一是鼓励民间企业投资；二是将电话普遍服务的概念扩展到信息服务；三是组织实施关键系统与核心技术的研究与开发；四是促进完备的、交互式的、用户驱动的运行方式；五是保证信息安全和网络可靠性；六是改进无线电频谱分配与管理；七是保护知识产权；八是协调各州的政策与国际行动；九是向公众提供政府的行政与社会信息。

（二）NII 计划的制定与实施机制

1．制定过程

从制定过程来看，可以分为三个阶段：

一是预热阶段。美国学者最早于 1981 年提出了 NII 概念，但是真正的推动者是后来的美国副总统戈尔。1991 年，当时还是参议员的戈尔先后提出了“高性能计算行动法案”（HPCA）和“高速性能计算与通信（HPCC）计划”，并且获得了国会的支持。同时，国会、白宫与联邦通信委员会（FCC）先后还发表过一些支持发展信息高速公路的言论。

二是实际推动阶段。戈尔竞选副总统成功后，进一步提出建立全国性信息网的设想。在戈尔的推动下，1993 年 2 月，克林顿以《国情咨文》的形式在国会发表了题为《促进美国经济增长的技术——经济发展的新方向》的报告，正式向国会提出建设 NII 的计划，建议用 20 年时间建成连接全国的高速通信网，总投资 4000 亿，其中政府投资 300 亿。

三是正式提出阶段。在国会的支持下，1993 年 9 月，克林顿政府正式颁布了《国家信息基础结构：行动计划》，并在这方面增加专项资金预算。1994 财政年度预算包括：11 亿美元用于高性能计算和通信计划，其中包括一项 1 亿美元的新项目；5000 万美元拨款用于国家电信和信息管理局（NTIA）示范国家信息基础结构在非营利机构（如学校、医院和图书馆）的应用；4000 万美元用于能源部国立实验室研究信息基础结构。在 1994 年后，每年政府预算中安排 18 亿美元的专项资金，用于推动 NII 计划实施。

2．实施机制

为了切实推动 NII 计划的顺利实施，美国政府建立了较为完善的实施机制，主要包括以下几个方面：

一是建立专门的领导机构，即联邦政府信息基础结构特别工作小组（IITF）。IITF 由副总统戈尔参与，在白宫科技政策办公室和全国经济委员会领导下工作。具体工作由商务部组织实施，联邦政府各机构所有涉及电信和信息政策的主要机构都要参加这个特别工作小组。商务部长伦·布朗任 IITF 主席，该部负责小组的重要人事部署。

二是组建社会各界广泛参与的国家信息基础结构顾问委员会。该委员会由总统签署行政命令建立，目的是促进民间企业参与 IITF 工作。顾问委员会由来自商业界、劳工界、学术界、公众利益团体以及地方政府的不超过25位高层人士组成，由商务部长提名，主席和副主席也由商务部长指定，任期为两年。商务部将作为委员会的“秘书处”，向其提供行政服务、设施、人员及其他一些支持服务。顾问委员会的职能是从社会各界广泛征求意见，对IITF小组就发展NII的有关事项提供咨询，如在发展国家信息基础结构过程中私营和公营部门所发挥的适当作用；对国家信息基础结构的进展及其在公共事业和商业方面的应用及设想；现有及拟议中的法规制度对国家信息基础结构进展的影响；个人隐私权、安全性和版权问题；使通信网络达到最大互连和兼容性的国家战略方针；以及“全民使用”等问题。顾问委员会可邀请专家向委员会提供信息，并组成委员会的分委员会以研究一些特定的问题。

三是确定具体实施机构。IITF工作小组成立了三个委员会：（1）电信政策委员会，负责制订有关重大电信问题的政府长期政策，具体任务由商务部国家电信和信息局（NITA）执行，组长为该局局长。该委员会建立了“全民服务”等工作小组，力求保证所有美国公民能利用NII并享受其实惠。（2）信息政策委员会，该委员会负责提出一些充分推广和使用国家信息基础结构所必须解决的重要信息政策，由管理和预算办公室（OMB）信息和法规处负责，组长为该处处长。该委员会建立三个工作小组：知识产权工作小组负责制订保护版权以及其他电子领域内知识产权的建议，由商务部专利和商标局（USPTO）负责；个人隐私权工作小组负责为政府制订保护个人隐私权的政策，由健康和人类服务部（DHHS）消费者事务办公室负责；政府信息工作小组主要研究推进以电子形式传递政府资料的方法，也由OMB信息和法规处负责。（3）应用委员会，该委员会负责协调政府在制造业、教育、保健、政府服务、图书馆和其他领域中开发、示范和推广应用信息技术的工作，还负责贯彻执行副总统的“国家效能评估”所建议事项中与信息技术有关部分，由国家标准和技术研究所（NIST）负责。该委员会建立了政府信息技术服务（GITS）工作小组，以协调联邦机构改进信息技术应用的工作。

四是以企业为NII建设主体，政府主要负责制度和政策问题。美国政府虽然积极宣传和推动NII计划，但在具体操作上却坚持以企业为建设主体的原则。在NII计划的实施中真正的出资人是企业，NII的结构设计、建设和管理也都是由私营企业自行设计和完成的。戈尔代表IITF于1993年12月21日提出了政府制定NII政策的五项基本原则，其中前两项就是鼓励私人企业投资和促进并保护私人企业间的竞争，其他三项是保障公众有机会获得服务、避免在信息拥有方面出现贫富不均和保障政策设计上的灵活性。从实施结果来看，不仅政府期望的通信行业电话公司积极参与，还有广播和计算机各相关行业众多企业积极参与；不仅有IBM、AT&T、HP等大企业，同时还有大量的中小企业也积极参与进来，有力地推动了NII的建设进程。大企业有的投资数十亿美元设计建设巨大的卫星通信网络，有的致力于地方信息网络服务；小企业则只针对网络建设中某一环节的转换或存储技术或软件开发进行突破，使NII建设呈现出多样化发展态势。

三、对我国产业技术政策制定和实施的启示

（一）关于产业政策的重点

1．产业技术政策的最终目标是产业升级，技术只是中间目标

从美国的实践来看，产业技术政策的主要目标并不是仅仅实现技术上的进步，目的是提高本国IT产业的竞争力，最终推动经济增长。尽管在政策实施中都以新技术作为重要的载体，但是技术只是带动产业发展的中间目标。对我国而言，最重要的启示是不能仅仅强调技术超越，而是要以技术带产业，促进经济发展。

2．产业技术政策是一系列政策工具的综合运用

美国在产业技术政策中提供了一些研究开发资助，但是整个政策系统的外延不仅仅于此。为了推动产业技术进步，应该考虑包括税收优惠、出口推动、基础设施建设、人才培

养、政府采购等政策工具在内的一系列政策组合，使各项政策之间密切配合、产生合力。

3．对未来技术方向应有预判，但对新技术不宜指定技术路线

美国在推动产业技术进步过程中，对未来大的技术发展方向会有一个预先判断。无论是对半导体、互联网，还是对现在提出来的云计算、物联网等，政府在制定政策时总要确定一个大体的推动方向。但是，对于新兴的技术和产业，政府部门不宜指定技术路线，而是应该由企业和市场在实践中选择。

（二）关于政府部门的组织机制

1．制定产业技术政策必须同时发挥经济部门与科技部门的作用

尽管称为产业技术政策，但是在政策制定和实施过程中，不宜由科技管理部门来单独推动，而要重视发挥经济管理部门的引领作用。这与前文中关于产业政策内容的论述是一致的，产业技术政策的目标要落在产业和经济上，因此实施机制的设计一定不能脱离经济管理部门。美国的商业部作为本国的经济主管部门，在产业技术政策实施中发挥了关键作用。

2．最好由一个部门全权负责组织实施，其他部门配合

在政策实施中，如果多部门联合组织，可能会造成互相

掣肘甚至扯皮的现象，可能导致许多政策落不到实处。一个方法是建立由政府首脑领衔的部际协调机构，但是成本比较高；另一个方法就是由单一部门负责到底，吸收其他部门的中层或基层人员参与。在NII行动计划中，尽管建立了特别领导小组，但是主席还是负责政策实施的商务部长。

3．建立与社会各界沟通的良好渠道

在产业技术政策制定和实施过程中，为了避免政府部门因不了解情况而导致决策失误，最好建立一条社会各界与政府部门沟通、互动的渠道。产业界、研究界、教育界的有识之士可以通过这样的渠道表达自己的意见，帮助政府部门及时纠正偏差，提高决策的正确率。美国NII计划中就专门建立了一个顾问委员会，接受来自各界的意见和反馈。

4．公共研究机构可以发挥桥梁作用

公共研究机构本身具备较强的研究实力，而且不属于任何一个社会利益集团，可以在产业技术政策实施中发挥政府和产业界之间桥梁的作用。美国国家标准和技术研究所在NII行动计划中发挥了技术推广和推动标准制定的关键作用。

（三）关于实施机制中企业的角色

1．企业应该成为产业技术政策实施的主体之一

企业在美国产业技术政策实施过程中发挥了关键作用。对于NII计划，企业是当仁不让的执行主体，政府在信息基础设施投资上只是一个配角。

2．对于新兴产业技术，必须注重中小企业的推动作用

在新兴技术领域，一些颠覆性创新往往来自中小企业。当IT发生大的技术变革时，总会有一些中小企业产生并成长起来，改变原来的技术和产业竞争格局。比如个人电脑时代的微软、互联网时代的雅虎等。因此，在新兴产业领域实施产业技术政策，不宜采取选择大企业联合研究的方式，而是应提高更多的普惠政策，做好人才培养、法律法规建设、放松管制等方面的产业环境建设，使更多的创新型中小企业成长起来，推动产业升级。

美国国家航空航天局（NASA）的组织运行机制

高效的航空科研体系是航空业技术创新的动力和源泉。以拥有世界领先飞机制造产业、技术和航空运输系统的美国为例，其航空运输业之所以能够始终保持全球领先地位，与拥有高效的航空业科研体系密不可分。美国航空科研体系主要由联邦政府部门所属航空科研机构、大学、航空企业和非营利研究机构组成。这些航空科研机构之间的密切合作，保障了美国航空业科技创新的有序进行。作为隶属于联邦政府承担美国航空科研的独立机构，美国国家航空航天局（以下简称“NASA”）是世界上最大的民用航空科研机构。NASA及其下属科研机构（各研究中心）在美国航空业技术供给体系中处于枢纽地位。因此，深入分析NASA科研组织及管理运行机制，揭示NASA科研成果转移与技术扩散机制，对于建立国家级航空科研机构、构建和完善我国航空工业科研体系具有重要的借鉴和启示意义。

一、美国国家航空航天局（NASA）科研组织与管理运行机制

NASA是一个隶属于联邦政府的从事航空航天科研的机构，在美国航空科研体系中处于主导地位。美国航空科研体

系主要包括联邦政府部门所属航空科研机构、大学、航空企业和非营利研究机构。联邦政府部门所属航空科研机构主要指国防部（DOD）直属科研机构、NASA 所属科研机构、运输部（DOT）直属科研机构等。美国大学、航空企业和非营利研究机构通过与政府部门或其直属研究机构建立合同关系，在不同层次上从事航空科研工作。

（一）NASA 在美国航空科研体系中的地位与作用

NASA 是从事航空科研的独立政府机构。在联邦政府机构设置中，政府行政系统包括总统行政办公机构、各部门及委员会、独立机构、政府所属公司和准政府机构，NASA 属于独立机构（Independent Agencies）① 序列。美国航空科研起步较早，1915 年就成立了国家航空咨询委员会（NACA），下设兰利研究实验室、刘易斯研究实验室、艾姆斯研究实验室 3 个实验室，从事航空科研活动。二战后，在美苏争霸的世界格局下，由于受到 1957 年苏联第一颗人造地球卫星上天的直接刺激，艾森豪威尔总统于 1958 年 7 月 29 日签署了《美国公共法案 85–568》（United States Public Law 85–568，即《美国国家航空暨太空法案》），联邦政府于 1958 年 10 月 1 日正式成立 NASA。原国家航空咨询委员会的 3 个实验室都编入了 NASA，分别更名为兰利研究中心、刘易斯研

① 独立机构是美国国会通过法律命令设置的组织上独立的政府机构。法律规定它不仅拥有行政权，而且具有委托立法权和委托司法权。

究中心、艾姆斯研究中心。

NASA 在美国航空航天科研体系中处于主导地位。自从成立以来，NASA 在美国航空航天事业中作出了重要贡献，直接参与了包括美国阿波罗计划、航天飞机发射、太阳系探测等在内的大型工程，被广泛认为是世界范围内太空机构的领头羊。NASA 除了进行军用航天宇宙研究，还开展长期民用航空研究，是发展美国民用航空航天事业的政府机构，也是一个规模巨大的研制和运营各种民用航天器（载人飞船、深空探测器和卫星）的实体。NASA 总部下辖从事航空航天科研工作的研究中心，包括艾姆斯研究中心、戈兰研究中心、兰利研究中心、喷气推进实验室、刘易斯研究中心和德莱登飞行研究中心等。

NASA 及其直属科研机构在美国航空科研中处于枢纽和主导地位。在美国航空科研体系中，大学主要承担航空基础研究项目，其科研经费大部分来源于军方、NASA 和工业部门。在航空科研管理上，军用航空科研管理主要以国防部为主，民用航空科研项目管理则以 NASA 为主，同时 NASA 也承担部分军用航空科研计划。美国《航空研究和技术政策分类》表明，NASA 及其直属科研机构主要从事探索发展类技术研究，同时也承担少量基础研究任务。NASA 通过委托科研合同等方式与国防部、高等院校、工业企业的研究机构保持密切关系。

（二）NASA 的组织管理体制

NASA 实行三级矩阵式管理体制。位于华盛顿的 NASA 总部在局长（Administrator）的领导下全面指导直属机构的工作，其组织体系是由局总部（NASA 华盛顿指挥部）、各战略部和研究中心（含研究所、实验室，以下简称“研究中心”）三级层次组成。NASA 所有任务都是通过各战略部来实施，战略部和研究中心是业务上的领导与被领导关系。每个战略部所承担的任务都是依靠下属的若干个中心来完成，但每个中心同时也可以参与多个任务。一项重大任务以一个战略部为主，但是往往由多个战略部（中心）协作来完成。NASA 共有航空技术战略部、探索系统战略部、空间科学战略部、科学战略部四个专业战略部和一些相关行政支撑部门。

战略部与研究中心围绕研究不同项目互相交叉，构成了 NASA 矩阵式的管理结构。NASA 研究中心是完成各项科研任务和计划的基本单位，各中心都有不同的技术特长和分工领域，担负不同的任务与职能。同时每个中心根据其专业特长被认定为某专业中心，它要负责发展这方面的专业并向其他中心提供这方面的技术。每个中心有一位主任，他一方面负责完成 NASA 和战略部下达的任务，是高级管理委员会成员；另一方面负责中心的管理，包括计划管理、资源管理和促进本中心专业领域发展。中心的任务分计划和项目两层，分别由计划经理和项目经理负责。一个计划可以包括多个项目，每个项目经理要向其上级计划经理汇报。每个中心都拥有一批科学家，他们在本中心的学科研究方面起着支持、指导作用，组织开展有关研究工作，并争取外部资金。

（三）NASA 的预算管理

NASA 作为管理民用航空航天科研的独立政府机构，同其他政府机构一样，需要提前三年制订预算。每年都要同时管理三项预算工作：一是当年正在执行的预算；二是第二年的预算，编制预算并接受联邦管理与预算局、总统和国会的逐级审查；三是第三年的预算，由总部根据各航空航天中心呈报的科研和工程项目预算汇总、平衡后进行编制。NASA 预算分四个部分：技术研发与产品研制、空间飞行控制与数据通信、项目管理和科研设施建设。联邦政府允许 NASA 在四部分预算间做内部调节使用，但对技术研发与产品研制的调节比例有限制，只允许把的 5% 的费用转用于项目管理等其他部分。

NASA 的预算要先报到联邦管理与预算局，由该局提出削减方案，取得共识后再纳入总统的预算咨文一起上报国会。国会参众两院的预算委员会及其各小组对 NASA 的预算逐项进行研究。两院预算委员会都有权增减 NASA 预算额度，遇有意见相左时则召开两院联席会议，共同确定向 NASA 的最高拨款额，有时还就这笔钱如何使用加以限制，或施加先决条件。预算委员会通过后，还要将预算案交给两院拨款委员会审查。拨款委员会也有权调整 NASA 预算申请额度，但不像预算委员会那样逐项细查。以上预算过程逐年滚动，NASA 依据三年的预算和概算来制订 5 年研究计划。

二、NASA 所属科研机构运行机制——以喷气推进实验室为例

下面以喷气推进实验室（JPL）为案例，分析 NASA 所属科研机构运行机制。

（一）科研经费来源与管理体制

JPL 创建于 1936 年，前身为加州理工学院（CALTIC）的 Guggenheim 宇航实验室，由冯·卡门教授领导的 6 人科学家小组创建，我国著名科学家钱学森即为 6 人小组成员之一。实验室的最初研究对象为火箭，是世界空间科学与技术的发祥地。经过 60 多年的发展，今天的 JPL 已经是 NASA 所属最重要的实验室，拥有雇员近 1 万人，年科研经费 15 亿美元左右。JPL 是由政府提供资金的科研机构，加州理工学院受 NASA 的委托进行管理，实行双重管理方式。一方面，JPL 的行政管理权属于加州理工学院，其成员名义上都是学院雇员；另一方面，所有仪器设备、基础设施和固定资

产都属于NASA，实验室90%的科研经费也来自于NASA。这种双重领导模式既给实验室带来了私立大学灵活高效的管理机制，同时又使实验室所承担的自然科学探索与行星探测研究有了强大的经济保障。

实验室主任、火星探测计划主席和空间与地球科学计划主席均配有3–4名秘书，其中1名为主任秘书。JPL的工程技术人员和科研人员隶属于实验室的工程与科学部，按学科分成了3个中心、7个研究室（Division）及若干学科小组（Element）。每个中心、研究室均设经理（Manager）1名、副经理1名，他们的职责主要是人员管理，使每个雇员都能在项目研究工作中发挥最佳作用。工程与科学部的各个单元组成了矩阵中的“行”，实验室其他的4个行政或规划部门主要管理项目与经费，形成了矩阵的“列”。这4个部门没有具体从事科研工作的人员，只有项目经理与项目科学家，他们的任务分别是管理科研和对项目研究进行指导。首席科学家争取到项目后，便向工程与科学部寻求合适的科研与工程技术人员，并与那些研究室和学科小组的经理们商议人员使用的有关细节。当项目结束后，科研与工程技术人员仍然回到工程与科学部等待下一个项目的组织实施。尽管有些科研人员不止承担一项科研任务，但大部分科研人员则仅承担一项任务。特别是大型的空间或地球观测计划的硬件研制项目，如传感器、航天器等的研制，都要求科研人员全身心投入。这种矩阵式的管理机制，使人员成为流动的“棋子”，每个棋子都能在相对较合适的位置上发挥作用。

（二）科研绩效考核与人事管理制度

JPL 对科研人员实行合同雇佣制度，由 NASA 的人力资源管理办公室负责，在专家组和行政官员的支持下面向全美国招聘高水平的科学家、工程师及技术人员。JPL 制定了考核制度，对科研人员绩效进行分类考核管理。JPL 的雇员中除了非科研人员，分成科学家（Scientists）和工程技术人员（Engineers）两类，两者有明确的分工和不同的考核标准。科学家的考核依据主要是期刊论文、基础理论研究突破、自然科学新发现、新型传感器或航天器的设计等，而工程技术人员则负责传感器和航天器的工程化、产品化以及运行维护，考核目标就是传感器、航天器的成功发射与运行。

科研人员能否晋职与上述的考核标准紧密相联。晋职申请一般在任现职 5 年以上才能提出，首先由本人撰写自我评估报告，然后由申请者所在项目的负责人及上级主管部门一起决定晋职与否。在薪酬方面，科研人员的年薪在 8–10 万美元左右，高级科学家（Senior Scientist）和高级行政人员的年薪更高一些。科研人员工资根据职称高低，由研究室经理和项目负责人商议决定，一般只升不降。但是，如果长期没有项目可做，也就意味着没有工资可领。因此，所有的人都会把工作放在优先位置，即所谓“工作第一（Work comes first）”。这种高薪牵引式的激励机制，使得科研人员自觉自愿地投入科研工作，而管理人员则更加着重于成果考核，而非过程管理。晋职、高薪和淘汰机制成为通过管理推动科研工作前进的有效杠杆，差异的存在成为进步的动力，追求卓越成就成为人人奋斗的目标。

（三）项目质量与风险管理

航空航天技术研究具有探索性强、技术管理复杂、经费投入规模大等鲜明特征，研发过程充满风险，JPL 高技术项目研发成功的背后体现了 NASA 的风险管理水平。一方面，NASA 非常重视质量管理体系建设，于 1999 年 1 月建立了基于“ISO9001：1994”质量体系的总部质量管理体系，专门制定了针对此标准的相关规定。自 2002 年 3 月 18 日开始，NASA 正式执行以过程为基础的质量管理体系，主要由质量委员会和质量方针、战略策划、工作策划和预算、业绩评价四大过程组成。另一方面，NASA 制定《风险管理程序和指南》，并以此为依据执行项目风险管理。该指南适用于 JPL 等所有的 NASA 所属研究机构。

三、NASA 的科研成果转移与技术扩散机制

NASA 不仅是美国航天和国防事业先进技术的提供者，也是美国开发新产品和新工艺、发展高新技术产业、创造新就业机会的重要源动力。NASA 的航空航天技术已经被广泛

地运用到日常生活、工业生产和宇宙探索的各个领域，并造就了大批新创企业与新兴产业。NASA重视制定技术商业化计划，拥有良好的科研成果转移与技术扩散途径，这是其在技术转让和商业化方面取得卓著业绩的关键。

（一）设立成果转移与技术扩散专业机构

1. 在总部设立商业开发和技术转让部门

NASA设立了专门负责科研成果转移的执行机构，即空间探索和技术办公室下属的商业开发和技术转让处。该处负责协调NASA分散在美国各地的技术转让机构，共同组织实施技术转让和商业化计划，促使航空航天技术向产业部门转移。为了更好地实施技术商业化计划，NASA根据联邦咨询委员会法，专门在咨询委员会下成立了技术和商业委员会。该委员会在技术和商业化领域向NASA提供政策、计划及其他有关问题的咨询。具体咨询领域包括空间探索与航天技术的商业化开发政策、军民两用技术的目标和计划、民用航空航天领域的技术投资战略、集成技术商业化等，以及如何与工业界、学术界和其他政府部门开展技术与商业合作等。

2. 在研究中心层面设立技术转让和商业化办公室

在NASA所属科研机构层面，设在实验中心的技术转让和商业化办公室在技术转让与扩散中扮演了重要角色。尽管这些办公室侧重的技术领域各不相同，但它们的主要任务都是促进那些有巨大潜力、可再利用的技术的转让和商业化。

（二）构建 NASA 的技术转让和商业化网络

国家和地区技术转让中心也是 NASA 技术转让与扩散的重要渠道。美国国家技术转让中心（NTTC）在全国范围内提供技术信息，并在全国设有六个地区技术转让中心，为企业和联邦实验室等提供信息、技术和商业化服务。NTTC 作为国家技术转让网的枢纽和信息交换站，将美国的企业、联邦机构、实验室、地区技术转让中心、州和地方的有关机构连接起来，其宗旨是提高美国的竞争力。美国企业可以通过免费电话进入 NTTC 提供的联邦技术数据库进行信息检索，查找所需要的技术和科研信息。

为了更有效地促进技术转让和商业化，形成技术扩散机制，NASA 依托国家技术转让中心和六个地区技术转让中心建立了自己的“技术转让网”。这个技术转让网除了为客户提供信息、技术和商业化等基本服务，还通过各个地区技术转让中心为客户提供特色服务。每个地区技术转让中心都与一个或几个 NASA 研究中心建立密切合作关系，确保 NASA 所有实验中心的技术信息都可以从网上查到。美国企业可以直接通过网络查找相关的技术转让信息，从而加快信息的交换和传递，也大大提高了技术转让的效率。

（三）通过给予项目合同资助企业研发

NASA 不但自己开展研究，同时也担负着对航空航天领域提供政府科研资助的任务，企业界是项目资助的重要领域。NASA 通过发布研究指南提出航空航天领域科研项目资助的主要方向，并向学术界和产业界完全开放申请，经评审通过的企业将获得 NASA 提供的技术研制项目合同。以世界最大的民用和军用飞机制造商——波音公司为例，这家业内的龙头企业与 NASA 建立了非常密切的合作关系。波音公司一方面接受 NASA 的技术研发资助，以合同委托方式开展研究；另一方面还作为的主要服务提供商，受 NASA 委托运营航天飞机和国际空间站。2004 年，NASA 授予波音公司 7 项技术研制项目合同，仅项目执行第一年的总经费就接近 2500 万美元。2007 年，NASA 授予波音公司项目合同，对 Dryden 飞行研究中心研制的几种特殊用途飞机提供工程和技术方面的支持，合同价值达 2800 万美元，为期 5 年。2009 年，NASA 又与波音公司签署了价值 210 万美元的合同，由波音负责设计、实现与演示一个全新的飞机健康评估系统，实时监控推进、飞控、机体和软件系统的状况，以便及时发现问题和风险。

2008 年国际金融危机之后，奥巴马政府要求 NASA 通过公开竞标方式与航空航天工业开展合作，积极向企业界提供科研项目资助。根据《2009 美国复苏与再投资法案》中提出的公开竞标指示，NASA 先后向波音公司、帕拉根太空研发公司、美国发射联盟等一批企业和机构提供了太空活动研发合同，开展未来商业载人太空飞行的乘员概念、技术演示和关键技术研究。该项目从 2010 年 2 月开始执行，所有经费总额高达 5000 万美元。其中，内达华山脉公司、蓝色起源公司、波音公司、帕拉根太空研发公司和联合发射联盟分别获得了 2000 万美元、370 万美元、1800 万美元、140 万美元和 670 万美元经费。

（四）加大技术成果宣传，设立中小企业合作项目

NASA 通过多种途径宣传技术成果，使更多的潜在用户了解有哪些技术可以被转让。NASA 关于技术转让的主要出版物包括《NASA 技术概要》《航天技术创新》《子公司》《技术桥梁在线》《NASA 科技信息计划》等。NASA 的研发合同资助对象按照规定要提交关于在从事相关科研开发活动中得到的关于新发明、新改进和创新活动的技术信息书面报告。这些报告为上述刊物提供了丰富的内容。《NASA 技术概要》作为一本免费月刊，是美国 20 多万政府和产业界读者了解技术信息和解决技术难题的重要媒介。该刊物发布的信息包括 NASA 研究中心和合同承包者新开发的产品和工艺、基础和应用研究的最新进展、先进的工厂和实验室技术、新的技术数据和计算机程序，以及其他创新成果等。此外，NASA 设立了“创新伙伴计划”（IPP），专门拓展下属

研究中心与中小企业的合作关系，致力于降低与产业界合作的门槛，为小企业提供种子基金，鼓励小企业与大企业同样地与 NASA 建立促进技术创新和商业化的伙伴关系。

四、借鉴与启示

（一）设立国家级科研机构是提升航空工业技术水平的有效做法

美国通过设立国家航空航天局，支撑了整个航空航天产业的科学研究和技术开发。NASA 不仅代表政府行使航空航天领域的科研管理职能，还依托下属科研机构（各中心和实验室）为美国航空航天工业提供稳定、高效的技术供给来源。事实上，不仅美国如此，其他航空航天强国也有同样的做法。例如，加拿大的民用航空科研由加拿大国家研究理事会（NRC）所属的航空航天研究所统筹管理，巴西也建立了由空军司令部研究与发展局（DEPED）主管的航空航天技术中心（CTA），负责全面组织巴西航空航天领域基础研究工作。强调使命导向型（mission-oriented）的法国航空航天科研体系同样建立了高度集中的法国宇航研究院（ONERA），下辖七个研究中心受国防部武装装备部监督管理。下表比较了各国国家级航空航天科研机构的简况。

美国、欧盟、巴西和加拿大的国家级航空航天科研机构

国家	国立航空航天科研机构	建立时间	行政隶属	主要经费来源	与企业合作方式
美国	国家航空航天局（NASA）	1958	联邦政府	联邦政府拨款	授予技术研制合同及技术许可
法国	法国宇航研究院（ONERA）	1946	受国防部武装装备部监管	政府拨款和合同收入	合同制
巴西	航空航天技术中心（CTA）	1946	空军部	军方研发经费及适航证收费	合同制
加拿大	国家研究理事会航空航天研究所	N.A.	工业部	政府拨款、企业项目合作和实验收费	合同制及实验合作

（二）政府财政资助是国家级航空航天科研机构经费的主要来源

自20世纪90年代以来，美国政府每年下拨给NASA的经费几乎都超过150亿美元，2015财年经费已经增至180亿美元，获得如此大规模拨款的科研机构在美国也不多见。2017年3月，在特朗普政府计划大幅度削减联邦政府科技支出预算的大背景下，美国国会通过了一项巨额拨款法案——《2017年NASA授权法案（NASA Authorization Act of 2017)》。该法案将为NASA提供195亿美元的太空探索资金，将在总统签署后生效。

加拿大、巴西的情况与美国类似，其民用航空科研机构同样受到政府不同程度的资助和扶持。巴西航空航天技术中心（CTA）科研经费主要来源于国家拨款、与空军司令部的合作经费以及适航认证收费，其年度经费的90%为政府财政资金。加拿大航空航天研究所也依托国家研究理事会（NRC）和工业部，每年获取稳定的政府资金支持。

（三）国家级航空科研机构具备良好的开放性

如前所述，包括NASA以及美国各兵种管理的科研机构在内，其预算既覆盖了他们本身承担的研究任务，还要拿出一部分通过合同委托方式与大学和产业界研究机构开展合作研究。NASA总部通过网络发布年度研究指南（NRAs），提出航空航天科研资助项目方向，具体项目的技术及管理工作由下属研究中心项目小组管理，资助结果最终由各个中心确定产生。整个过程对于包括大学、产业界和非营利组织在内的各类机构完全开放。巴西的航空航天技术中心（CTA）在向企业开放试验设备、负责适航审查与标准研究的同时，也将研究成果有偿转让给企业使用，与产业界保持开放合作的密切关系。

（四）国家科研机构是航空航天技术向产业扩散的有效平台

以给予企业科研项目合同的方式共同进行航空航天技术开发，本身就是NASA将自身积累的科研成果向产业界扩散的有效方式。美国航空业巨头企业波音公司经常从NASA获得价值可观的技术研制项目合同，大大提升了航空科研能力和创新水平。同时，NASA作为国立航空航天科研机构，还建立了相对完善的技术转让与商业化机构与网络，加速航空技术成果向企业的扩散与转移。在航空航天军民两用技术研发方面，NASA鼓励和支持军用科研成果向民用部门转移，是军民两用技术相互融合发展的典型案例。此外，NASA还加大技术成果宣传力度，专门设立与中小企业的合作项目，调动中小企业参与航空航天技术研发的积极性。

（五）富有竞争力的人才激励制度是国家科研机构的立身之本

人才资源是国家航空航天科研机构的第一资源。NASA世界领先的航空航天科技研发水平，与其拥有一批高水平的科学家和工程技术人才队伍密切相关。NASA总部的人力资源管理办公室负责人力资源管理工作，以具备竞争力的人才薪酬待遇，寻求最优秀和最智慧的科学家来完成核心工作，吸引技能高超、操作熟练的工程技术人员来支撑各项技术开发计划。美国众议院通过了相关法案，为NASA员工提供可以与私营企业相竞争的额外津贴，帮助其招聘和留住人才，防止核心人才流失。NASA 重视航空航天科研人才培养，通过战略资源考察（SRR）、统一行动队（NIAT）考察、每年的空间安全顾问团（ASAP）考察等活动，开展对人才队伍能力的规划、分析与培训，吸引、雇佣、和保持世界一流航空航天科研人才。近几年来，艾隆·马斯克领导的空间技术（SpaceX）公司用更好的待遇从 NASA 挖走了一些高水平人才，对其人才队伍的稳定性产生了一定冲击。但是，也有很多从高校毕业的年轻人向往 NASA 提供的高层次研究平台，继续走进 NASA 的大门，使这家美国最重要的国立科研机构仍然保持着强大的竞争力。